RESPONSABILIDAD SOLIDARIA

Cómo Mejorar el Rendimiento Laboral por Medio del Apoyo

SYLVIA MELENA

Melena Consulting Group
San Diego, CA

Derechos de Autor © 2023 Sylvia Melena

Todos los derechos reservados, incluido el derecho de reproducción total o parcial en cualquier forma.

Publicado por *Melena Consultan Group.*

4370 Palm Ave., D-206
San Diego, CA 92154
smelena@melenaconsulting.com

Library of Congress Control Number: 2022948779
ISBN: 978-0-9997435-3-9

Descargo de responsabilidad: El autor y el editor no garantizan la integridad y exactitud de la información contenida en este libro y no asumen ninguna responsabilidad por los errores u omisiones. La compra de este libro no establece una relación de consultoría con el comprador o lector. No existe ninguna garantía en cuanto a los resultados. Este libro no sustituye el asesoramiento de los profesionales de recursos humanos de su organización, del asesor jurídico o de otros expertos designados. Cada situación es diferente. Para mitigar el riesgo para usted y su organización, busque el asesoramiento de los expertos designados por su organización. El autor y el editor no asumen ninguna responsabilidad por los daños que puedan derivarse del uso de la información contenida. Los personajes, las organizaciones y los acontecimientos descritos en este libro son ficticios. Cualquier parecido con personas, eventos, organizaciones o programas reales es coincidencia y no es intencional.

El logotipo de Melena Consulting Group es una marca registrada de Melena Consulting Group. El Liderazgo de la Responsabilidad Solidaria, el Modelo de Liderazgo de la Responsabilidad Solidaria, los Cuatro Estilos de Liderazgo de la Responsabilidad Solidaria y los Cuatro Pilares de la Responsabilidad son marcas comerciales de Melena Consulting Group.

Para mi esposo, mi hija, mi hijo y mi nieto, que me aman incondicionalmente.

COPIA GRATUITA DEL KIT DE DOCUMENTACIÓN DEL RENDIMIENTO

Aligere su carga de documentar el rendimiento de los empleados. Descargue su copia gratuita del *Kit de documentación del rendimiento*. Este kit de herramientas fue diseñado para organizaciones estadounidenses. Por favor determine su aplicabilidad en otros países.

Descargue aquí:
https://LeadershipStrength.com/kit-de-documentacion

PRIMERO, UN POCO DE CONTEXTO

En mis veinte años de carrera como líder, he visto a gerentes y supervisores luchar para ayudar a los empleados a cumplir con los objetivos de rendimiento. Esto ha sido cierto para muchas personas en funciones de supervisión y con diversos niveles de autoridad y experiencia, desde supervisores recién llegados, por primera vez, hasta gerentes experimentados responsables de plantillas enteras. Lo que me ha llamado la atención es la falta de equilibrio en su enfoque de gestión del rendimiento. Los directivos y supervisores que han luchado por responsabilizar a sus empleados y mejorar su rendimiento de la manera correcta han sido demasiado duros, indulgentes o desvinculados. Estos enfoques han sido perjudiciales.

En este libro, presento el Liderazgo de la Responsabilidad Solidaria™, un marco sencillo pero poderoso que le ayudará a crear un entorno de trabajo positivo y a mejorar el rendimiento. He desarrollado este modelo basándose en dos décadas de experiencia personal. Según investigaciones internacionales revisadas por expertos en varias disciplinas, los líderes pueden aplicar con éxito los siete elementos del modelo para mejorar el rendimiento de las personas, los equipos y las plantillas completas.

Mi nombre es Sylvia Melena, y soy la fundadora y directora general de Melena Consulting Group, una empresa estadounidense de capacitación y consultoría en liderazgo y gestión. Mi empresa ayuda a las organizaciones a fortalecer sus capacidades de liderazgo y gestión de fuerza laboral, crear lugares de trabajo exitosos y mejorar el rendimiento. Tengo un Máster en Liderazgo y Estudios Organizacionales, un amor profundo por las personas y experiencia en dirección media, superior y ejecutiva.

Para ofrecerle ejemplos de cómo aplicar los principios de gestión del rendimiento de este libro, cuento la historia de Vic, Alex y Mary de YouthZone, una organización sin fines de lucro, así como otras historias. Estas historias están inspiradas en experiencias reales de mi carrera de liderazgo; sin embargo, todos los personajes, organizaciones y eventos son ficticios. Cualquier parecido con personas, eventos, organizaciones o programas reales es coincidencia y no es intencional.

La historia de Vic y Mary ofrece ejemplos de datos, informes, formularios y otras herramientas. Son sólo para fines ilustrativos. Usted tiene permiso para utilizar cualquiera de las plantillas de muestra para uso personal. Sin embargo, estas herramientas no se pueden utilizar con fines comerciales ni para desarrollar obras derivativas.

Aunque este libro proporciona una base sólida y un punto de partida para la gestión eficaz del rendimiento de los empleados, no se pueden garantizar los resultados, y el éxito depende de las particularidades del caso. Al aplicar los conceptos y herramientas de este libro, busque la orientación de los expertos legales y en gestión del rendimiento designados por su organización. Ellos pueden ayudarle a minimizar los riesgos para usted y su organización.

Aunque soy consultora de gestión, la compra de este libro no establece una relación de consultoría entre nosotros. Si está interesado en saber más sobre los servicios de consultoría y formación de mi empresa, envíeme un correo electrónico a smelena@melenaconsulting.com o visite mi sitio web en https://LeadershipStrength.com.

¡Gracias y disfrute del libro!

CONTENIDO

Introducción 1
El corazón de la responsabilidad solidaria 7
El arte del liderazgo solidario 15
Las expectativas que inspiran 33
El monitoreo: centrarse en lo importante 49
La medición del servicio al cliente 69
Las mejores prácticas en la retroalimentación 91
Las conversaciones que mejoran el rendimiento 109
Los factores críticos del apoyo laboral 125
El poder del reconocimiento 149
Los Cuatro Pilares de la Responsabilidad™ 163
El apoyo a través de la disciplina progresiva 177
El caso de la documentación 193
Aplicación práctica 209
Una solicitud amistosa 217
Sobre la autora 218
Recursos gratuitos en inglés y español 219
Libros de Sylvia Melena 220
Apéndices 221
Notas 235
Bibliografía 249

INTRODUCCIÓN

Ha conseguido un trabajo supervisando empleados. Cuando aceptó el trabajo, estaba lleno de pasión y energía y listo para conquistar el mundo. Entonces ocurre lo inevitable. Se enfrenta a un empleado que tiene problemas de rendimiento que parecen insuperables. Usted ha realizado una amplia formación para supervisores y ha adquirido una gran cantidad de información sobre la gestión del rendimiento de los empleados, pero no ha funcionado. Ahora se siente frustrado, abrumado y agotado.

No está solo. He visto a cientos de líderes pasar por la angustia de intentar trabajar con empleados con dificultades. En los últimos veinte años, he enseñado y entrenado a gerentes y supervisores para ayudar a los empleados de bajo rendimiento y documentar de forma rápida y eficiente. El objetivo siempre ha sido el éxito, no "deshacerse" de la gente.

Mi nombre es Sylvia Melena, y soy la fundadora y directora general de Melena Consulting Group, una empresa de consultoría y formación en liderazgo y gestión con sede en San Diego, California. Tengo un Máster en Liderazgo y Estudios Organizacionales y experiencia en gestión de nivel medio, superior y ejecutivo. Lo más importante es que tengo pasión por el liderazgo y un amor profundo por las personas. Es a partir de estos antecedentes que desarrollé el Modelo de Liderazgo de la Responsabilidad Solidaria™, que proporciona a los líderes un enfoque equilibrado para la gestión del rendimiento.

El Modelo de Liderazgo de la Responsabilidad Solidaria™

El Liderazgo de la Responsabilidad Solidaria™ es un marco sencillo pero poderoso que le ayudará a involucrar a los empleados y a mejorar el rendimiento. El núcleo del modelo es la ***responsabilidad solidaria***, una mezcla de supervisión solidaria y responsabilidad que estimula el rendimiento de los empleados de manera positiva.

Con la responsabilidad solidaria, puede lograr uno de los tres resultados siguientes:

Resultado #1: El empleado mejora su rendimiento y logra el éxito. Este es el objetivo final del Liderazgo de la Responsabilidad Solidaria y el más gratificante de los tres resultados.

Resultado #2: El empleado descubre que el puesto actual no es el mejor para él y adopta un nuevo papel en el que puede tener éxito. Aquí todos ganan, tanto usted como el empleado y su organización.

Resultado #3: El empleado sigue rindiendo por debajo de lo esperado y se le destituye del puesto. Este no es el objetivo, pero a veces es necesario para que usted, su equipo y su organización puedan alcanzar el éxito. El éxito se trata de las personas a las que sirve: los empleados, los clientes y la administración de la organización.

Si se siente incómodo con el tercer resultado, no está solo. Muchos supervisores encuentran desagradable lidiar con las medidas disciplinarias.

Admitámoslo. La disciplina no es la parte placentera de nuestro trabajo como líderes. Sin embargo, cuando usted eligió un puesto de liderazgo, se convirtió en una parte esencial de su función. Es un elemento necesario para la gestión eficaz del rendimiento.

Los Cuatro Estilos de Liderazgo de la Responsabilidad Solidaria™

El Liderazgo de la Responsabilidad Solidaria™ enmarca la gestión del rendimiento utilizando cuatro estilos básicos de liderazgo. Estos están determinados por la medida en que los líderes logran un delicado equilibrio entre el apoyo y la responsabilidad.

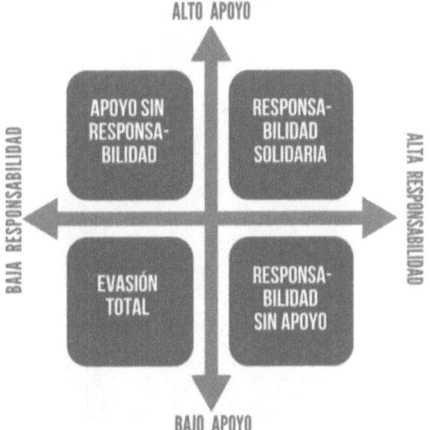

En este libro, proporcionaré una breve descripción de estos cuatro estilos de liderazgo: *apoyo sin responsabilidad, responsabilidad sin apoyo, evasión total y responsabilidad solidaria*. Sin embargo, a lo largo del libro nos centraremos únicamente en la responsabilidad solidaria y en cómo puede utilizar este enfoque de liderazgo equilibrado para involucrar a los empleados y promover un buen rendimiento.

Siete elementos de la gestión del rendimiento eficaz

El Modelo de Liderazgo de la Responsabilidad Solidaria también lo ayudará a optimizar el desempeño de los empleados utilizando los siete elementos de la gestión eficaz del rendimiento: **expectativas, monitoreo, retroalimentación, apoyo, reconocimiento, responsabilidad y documentación.**

Le mostraré cómo utilizar estos elementos para elevar el rendimiento de todos los empleados, no sólo de los que tienen dificultades. La gestión efectiva del desempeño es para todos los empleados y promueve una organización saludable y próspera.

Fundamentos de la disciplina progresiva

Para ayudarle con los empleados que continúan luchando, incluso con una inversión significativa de su tiempo, energía y apoyo como supervisor, cubriré los fundamentos de la disciplina progresiva.

Si está buscando una receta de disciplina progresiva sencilla que pueda aplicar en todas las situaciones, no hay ninguna. La disciplina progresiva eficaz requiere habilidad, buen juicio y el apoyo del jefe directo y de los expertos en recursos humanos. Yo le mostraré cómo conseguir este apoyo. Le proporcionaré una visión general de la disciplina progresiva, los niveles implicados y cómo funciona el proceso.

Documentación más fácil

Y luego está la temida documentación. Es agotadora y lleva mucho tiempo, pero es necesaria. Le mostraré cómo aligerar la carga de documentar el rendimiento.

Este libro ofrece ejemplos de documentación, consejos y plantillas. También incluye una descarga gratuita del *Kit de documentación del rendimiento*. El kit fue diseñado para organizaciones estadounidenses. Por favor determine su aplicabilidad en otros países. Usted tiene permiso para utilizar cualquiera de las plantillas de muestra para uso personal. Estas herramientas no se pueden utilizar con fines comerciales ni para desarrollar obras derivativas.

Para reunirlo todo, también he dedicado un capítulo entero a las mejores prácticas de la documentación. Sin embargo, estos recursos nunca superarán la orientación que debe buscar en los expertos designados por su organización.

Una relación sólida entre el supervisor y el empleado

En el esquema más amplio de las cosas, nada de esto importa si no concentra sus energías en el factor más crucial para desencadenar la excelencia en el rendimiento: una relación fuerte entre el supervisor y el empleado. Una relación sólida y saludable es la base del Modelo de Liderazgo de la Responsabilidad Solidaria. Todo lo demás no servirá de nada si no se consigue esto.

Como supervisor inmediato, usted puede hacer o deshacer el lugar de trabajo a los ojos de los empleados. Así que todo este libro, desde el primer capítulo hasta el último, se centra en cómo puede ser un excelente supervisor. Revelaré el arte del liderazgo solidario para ayudar a desatar el potencial de las personas que dirige.

La responsabilidad solidaria no sólo es para cambiar el rendimiento inferior. Es la base de la excelencia en el rendimiento. También puede ayudar a los empleados exitosos a llevar su rendimiento a niveles más altos.

Así que, si quiere poner en marcha el rendimiento de sus nuevos empleados, elevar el buen rendimiento aún más o mejorar el rendimiento bajo, el Liderazgo de la Responsabilidad Solidaria le proporcionará una base firme para un éxito inmediato y duradero.

CAPÍTULO 1

EL CORAZÓN DE LA RESPONSABILIDAD SOLIDARIA

"Tenemos que crear un entorno de trabajo en el que, pase lo que pase con nuestro equipo, les hagamos saber que hay alguien ahí". - Scott H. Silverman

En mis veinte años de carrera como líder, he visto a gerentes y supervisores luchar por hacer que sus empleados sean responsables. Esto ha sucedido con numerosas personas en funciones de supervisión y con distintos niveles de autoridad y experiencia, desde supervisores recién llegados hasta directores experimentados responsables de plantillas enteras.

Lo que me ha llamado la atención es la falta de equilibrio en el proceso de gestión del rendimiento. Los gerentes y supervisores que han luchado por responsabilizar a sus empleados y mejorar su rendimiento de la manera correcta han sido demasiado duros, indulgentes o desconectados. Estos tres enfoques extremos y desequilibrados son ineficaces y tienen un impacto negativo en el lugar de trabajo.

La clave para una gestión eficaz del rendimiento es lograr un liderazgo equilibrado. Este equilibrio es el principio básico que hace que el Modelo de Liderazgo de la Responsabilidad Solidaria™ sea tan eficaz.

Los Cuatro Estilos de Liderazgo de la Responsabilidad Solidaria™

El Modelo de Liderazgo de la Responsabilidad Solidaria enmarca la gestión del rendimiento utilizando cuatro estilos básicos de liderazgo. Estos son determinados por la medida en que los líderes logran el equilibrio entre el apoyo y la responsabilidad.

LOS CUATRO ESTILOS DE LIDERAZGO DE LA RESPONSABILIDAD SOLIDARIA™

	ALTO APOYO	
BAJA RESPONSABILIDAD	APOYO SIN RESPONSABILIDAD	RESPONSABILIDAD SOLIDARIA
	EVASIÓN TOTAL	RESPONSABILIDAD SIN APOYO
	BAJO APOYO	ALTA RESPONSABILIDAD

Estos son los cuatro estilos:
1. **La responsabilidad sin apoyo** se caracteriza por altos niveles de responsabilidad y bajos niveles de apoyo. Los líderes con este estilo exigen un alto rendimiento, pero no proporcionan las herramientas, el equipo y el apoyo emocional que los empleados necesitan para

lograrlo. Estos supervisores cargan a los empleados con demasiado trabajo y brindan poco o ningún apoyo. Este estilo crea un ambiente de trabajo duro, intimidante e insolidario. A menudo consiguen presionar a los empleados para que ofrezcan un alto rendimiento, pero a un costo enorme para los empleados y la organización.

2. **El apoyo sin responsabilidad** se demuestra con altos niveles de apoyo y bajos niveles de responsabilidad. Los líderes que operan con el apoyo sin responsabilidad tienden a preocuparse demasiado por caer bien y hacer felices a los empleados. Crean un entorno divertido, pero les cuesta ayudar a los empleados a cumplir las expectativas. El apoyo sin responsabilidad puede crear una atmósfera de "bienestar" en la superficie, pero no promueve el compromiso de los empleados ni la equidad en el lugar de trabajo. Mientras que algunos empleados se motivan a sí mismos y alcanzarán la excelencia sin la responsabilidad externa, hay otros que necesitan este tipo de apoyo para cumplir con los estándares de rendimiento. Cuando un líder no promueve la responsabilidad, el resultado es un entorno en el que no todo el mundo lleva su peso, lo que hunde la moral de los empleados de alto rendimiento.

3. **La evasión total** es la ausencia tanto del apoyo como de la responsabilidad. Se trata de un enfoque de no intervención, en el que los líderes renuncian a su responsabilidad de liderar, guiar e inspirar a los empleados para el cumplimiento de los objetivos. Los líderes que muestran una evasión total no tratan las preocupaciones, lo que hace que éstas se conviertan en

problemas mayores que requieren intervención externa en el futuro. Estos líderes no gestionan el rendimiento. En lugar de anticiparse a los problemas, ellos actúan de forma reactiva y sólo entran en acción cuando surgen los incendios. Se puede ver a estos supervisores frecuentemente gastando sus energías manejando emergencias que ellos crearon. El enfoque de evasión total crea un entorno de trabajo caótico y provoca un estrés laboral innecesario para los líderes y las personas que dirigen. Cuando los líderes que actúan con evasión total supervisan a toda una plantilla, se crea una disfunción organizativa.

4. **La responsabilidad solidaria** es el estilo de gestión del rendimiento más eficaz. Incorpora un alto nivel de apoyo complementado por un alto nivel de responsabilidad. No existe una fórmula mágica para saber cuánto apoyo y responsabilidad se necesita. Los líderes eficaces proporcionan las cantidades adecuadas en función de cada situación. Cuando el rendimiento no está a la altura, no buscan una persona a la que culpar, sino que intentan descubrir las causas subyacentes y proporcionar el apoyo necesario para alcanzar el éxito. Se preguntan cómo pueden mejorar su forma de dirigir, proporcionar apoyo y promover la responsabilidad. Los líderes que dirigen con responsabilidad solidaria saben que un gran rendimiento surge de una sólida relación entre el supervisor y el empleado, basada en la confianza mutua, la compasión y el respeto.

La relación entre el supervisor y el empleado

La relación entre el supervisor y el empleado es la base del Liderazgo de la Responsabilidad Solidaria. Si va a inspirar a los empleados para que alcancen el éxito, debe, en primer lugar, construir una relación de trabajo duradera y saludable con cada uno de ellos. Para lograrlo, conozca a cada empleado a nivel profesional y personal.

No es necesario que conozca sus secretos más íntimos, sino que comprenda y aprecie sus necesidades, prioridades, deseos, aspiraciones, fortalezas, debilidades y temores. Cuanto más conozca a cada empleado, más podrá crear un gran entorno de trabajo en el que las personas puedan prosperar.

Siete elementos de la gestión del rendimiento eficaz

El Liderazgo de la Responsabilidad Solidaria abarca siete elementos para una gestión eficaz del rendimiento: **expectativas, monitoreo, retroalimentación, apoyo, reconocimiento, responsabilidad y documentación.**

Estos elementos no son necesariamente secuenciales y están interconectados. Los líderes eficaces son ágiles y utilizan los elementos que requiere cada situación.

En los siguientes capítulos, exploraremos cada uno de ellos y cómo ponerlos en práctica en el espíritu de la responsabilidad solidaria.

LIDERAZGO DE LA RESPONSABILIDAD SOLIDARIA™

La responsabilidad solidaria es una elección

Los Cuatro Estilos de Liderazgo de la Responsabilidad Solidaria no tienen que ver con la personalidad; tienen que ver con el enfoque. Por ejemplo, usted puede tener una personalidad directa que toma las riendas y, sin embargo, elegir proporcionar apoyo y responsabilidad con gracia, humildad, respeto y consideración sincera por los sentimientos y el bienestar de los demás. Del mismo modo, puede ser una persona con voz suave y gentil, pero ser firme de manera respetuosa cuando se exige la responsabilidad.

Sea cual sea su personalidad, usted puede elegir intencionadamente su estilo de liderazgo. Esta es una de las elecciones más importantes que usted hará como líder, y tendrá un profundo impacto en el éxito y el bienestar de las personas que dirige. También influirá en su capacidad para reclutar y retener a los mejores talentos, lo que afectará a su rendimiento general y al de su organización.

La intención de los cuatro estilos de liderazgo no es etiquetarlo, sino proporcionarle un marco para ayudarlo a descubrir su enfoque de gestión del rendimiento. Este descubrimiento no es más que un punto de partida en su viaje hacia la responsabilidad solidaria y la excelencia en la gestión del rendimiento.

La responsabilidad solidaria puede aprenderse. Sin embargo, antes de que el proceso de aprendizaje pueda comenzar, debe comprender dónde se encuentra hoy y decidir dónde quiere estar mañana.

En resumen

Un liderazgo fuerte es fundamental para crear un entorno que involucre a los empleados y promueva el buen rendimiento. Los líderes que son proactivos y equilibrados en su enfoque de liderazgo atraen a los empleados y crean un entorno de trabajo motivador. Los líderes que son demasiado duros o indulgentes, o que evitan sus responsabilidades por completo, crean un clima laboral poco atractivo. Esto conduce a un rendimiento inferior al óptimo.

La buena noticia es que el liderazgo capaz es una habilidad que puede aprenderse y perfeccionarse con el tiempo. Los directores y supervisores pueden mejorar su capacidad para desarrollar, apoyar y responsabilizar a los empleados y crear un ambiente de trabajo motivador y de alto rendimiento.

Ponerlo en práctica

1. Revise las descripciones de los Cuatro Estilos de Liderazgo de la Responsabilidad Solidaria: la responsabilidad sin apoyo, el apoyo sin responsabilidad, la evasión total y la responsabilidad solidaria.
2. Reflexione sobre sí mismo: ¿En qué estilo opera usted más consistentemente? ¿Es usted muy responsable o poco responsable? ¿Tiene un nivel de apoyo bajo o alto?
3. Tenga presente esta autorreflexión cuando lea más sobre el apoyo y la responsabilidad en el resto de este libro y anote las formas en que puede mejorar en cuanto al apoyo, la responsabilidad o ambos.

CAPÍTULO 2

EL ARTE DEL LIDERAZGO SOLIDARIO

Una relación sólida entre el supervisor y el empleado es la fuente más importante de apoyo que puede proporcionar a los empleados.

Los líderes que identifican y satisfacen las necesidades de **apoyo** pueden liberar el potencial de los empleados e impulsar el rendimiento en el lugar de trabajo.

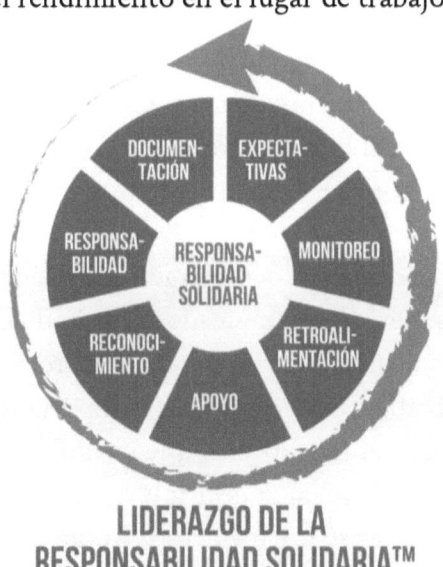

LIDERAZGO DE LA RESPONSABILIDAD SOLIDARIA™

En el Modelo de Liderazgo de la Responsabilidad Solidaria™, el **"apoyo"** incluye todo lo que el empleado necesita razonablemente para lograr un buen rendimiento en el trabajo. Un empleado no podrá tener éxito y mantenerlo a lo largo del tiempo sin el apoyo adecuado. El apoyo fomenta un entorno de trabajo en el que el empleado puede prosperar.

Como supervisor, usted es la fuente de apoyo más importante para los empleados, y este apoyo comienza con una sólida relación entre el supervisor y el empleado.

La relación entre el supervisor y el empleado

Usted es la "cara" de la organización. Todo lo que hace y dice representa a la organización a los ojos de sus empleados.[1]

La forma en que interactúe con la gente a diario afectará a su percepción del liderazgo, el apoyo y la imparcialidad tanto de usted como de su organización. Esta percepción de justicia afecta a la confianza que los empleados tienen en usted y en su organización. Usted tiene una influencia sustancial, y esta influencia afecta a la calidad del lugar de trabajo y al éxito de su organización. Esto requiere que usted aporte lo mejor de sí mismo al trabajo cada día.

Las investigaciones han demostrado sistemáticamente que la relación entre superiores y empleados tiene influencia. Esta relación impacta a su percepción de apoyo, compromiso con la organización, intenciones de rotación, comportamiento ético y rendimiento.[2] Usted, mucho más que cualquier otro factor del lugar de trabajo, influye en la decisión de los empleados de permanecer o abandonar su organización. La calidad de sus relaciones con los empleados afecta a su percepción del apoyo de la organización. Y estas percepciones afectan a su permanencia.[3]

Muchos empleados no se sienten apoyados

La triste realidad es que muchos empleados no se sienten capacitados ni apoyados en sus lugares de trabajo. Las encuestas realizadas a los empleados en Estados Unidos han demostrado que la mayoría considera que su supervisor es la mayor fuente de estrés en el lugar de trabajo.[4] Los supervisores son uno de los principales responsables del agotamiento de los empleados.[5]

Usted, como líder, desempeña un papel vital en la creación de un entorno de trabajo de apoyo y empoderamiento que pueda retener a los mejores talentos, promover la salud de los empleados y avanzar el éxito de su organización. La forma en que usted aborda la gestión del rendimiento de los empleados puede tanto aumentar como reducir el estrés y el agotamiento.

La prioridad principal de Vic

Era una hermosa mañana de mayo. Los cinco supervisores del equipo directivo del Programa de Empleo Juvenil se alegraron cuando la directora compartió los datos de rendimiento del mes de abril.

Entre los supervisores presentes en la sala de conferencias de YouthZone, Vic estaba especialmente orgulloso. Por segundo mes consecutivo, su unidad de siete especialistas en empleo juvenil recibió reconocimiento por alcanzar los niveles más altos de rendimiento entre todos los equipos. Ser el mejor en el pequeño programa de empleo sin fines de lucro para jóvenes de bajos ingresos lo entusiasmaba. Era para lo que vivía.

Vic estaba disfrutando de los aplausos cuando la recepcionista interrumpió la reunión.

"Disculpen", dijo ella. Los aplausos se detuvieron repentinamente y todos miraron hacia Vic mientras ella le entregaba una nota. "Hay un adolescente en el vestíbulo y quiere hablar contigo. Le dije que estabas en una reunión, pero insiste en verte de inmediato".

A estas alturas, todas las miradas estaban fijamente puestas en Vic, y él podía sentirlas.

"De acuerdo", dijo mientras tomaba la nota. "Ahora mismo voy". Podía sentir el calor subiendo en su cara. Volteó hacia su gerente y sus compañeros, que seguían mirándolo en un incómodo silencio. "Lo siento", dijo, agitando la nota en su mano. "Tengo que ver a este cliente".

Mientras salía a toda velocidad de la sala de conferencias, los pensamientos pasaban por su cabeza: No puedo creerlo. Más vale que no se trate de Mary otra vez. ¡Si recibo una queja más!

"Disculpe. ¿Es usted el supervisor de Mary?" Un joven interrumpió sus pensamientos.

"Sí". Vic recobró la compostura. "Me llamo Vic. Soy el supervisor de Mary. ¿En qué puedo ayudarle?"

Efectivamente, era otra queja sobre el servicio de atención al cliente de Mary. Era la tercera vez este mes. Pero, con su habitual encanto, Vic se encargó de ello. El joven se quejó de la rudeza de Mary. Vic lo apaciguó. Y así quedó.

Vic tenía mejores cosas que hacer. Después de todo, el gran rendimiento del equipo no se produce por sí solo. Si iba a ser promovido, tenía que ser el mejor. Mientras pudiera evitar que las quejas llegaran a su gerente, todo estaba bajo control.

Tres pilares de una relación sólida entre el supervisor y el empleado

Los tres pilares de una relación sólida entre el supervisor y el empleado son la confianza, la comunicación eficaz y el empoderamiento. Cuando los líderes caminan entre estos tres pilares, se establece una relación que es gratificante para todos.

El primer pilar: La confianza

La confianza es la base de todas las relaciones sanas, y la relación entre el supervisor y el empleado no es una excepción.

Como tal, la confianza fomenta un fuerte trabajo en equipo, la cooperación, el intercambio de información y la resolución de problemas y de conflictos. Un alto grado de confianza en el lugar de trabajo genera mayores niveles de diligencia, productividad e innovación por parte de los empleados. Esto conduce a un mayor rendimiento de la organización.[6]

Los empleados confían en usted como líder cuando creen que sus intenciones hacia ellos son buenas y se sienten seguros siendo vulnerables.[7] La forma en que interactúe con las personas tiene un impacto directo en cuánto confían en usted y en su organización. Los empleados confían en los líderes que se preocupan por ellos, que demuestran honestidad, que crean un entorno seguro, que actúan con justicia y coherencia y que cumplen sus promesas.

Cuidado. Las personas importan por encima de todo.

Los líderes que se preocupan por las personas tienen un impacto positivo en el rendimiento.[8] Se preocupan por los empleados. Se preocupan por los clientes. Y se preocupan por sus líderes.

No sacrifique la salud, la seguridad y el bienestar de las personas para alcanzar los objetivos de rendimiento.

Los empleados son personas, no sólo recursos humanos, activos o capital. Son la madre, el padre, el hijo, la hija, el cónyuge, el amigo o el vecino de alguien. Se presentan al trabajo cada día con sus necesidades, prioridades, esperanzas, sueños, miedos y preocupaciones. Preocuparse genuinamente por las personas significa escucharlas con la intención de conocerlas y brindarles el apoyo que necesitan. Podemos aprender sobre lo que mueve a la gente cuando las escuchamos.

Honestidad. La confianza requiere honestidad.

Comparta el panorama general de las metas, los objetivos y los asuntos urgentes, y la gente hará un esfuerzo adicional. Cuando la gente le pregunte algo que no pueda responder por motivos de confidencialidad, legales o éticos, dígalo. Los empleados valorarán y apreciarán su honestidad.

Donde hay honestidad no hay lugar para la manipulación o las intenciones ocultas. Los empleados saben cuándo los líderes son deshonestos. Si ellos utilizan el engaño o la manipulación para conseguir las cosas, puede que funcione durante un tiempo, pero tarde o temprano la gente se entera. Cuando llega la hora de la verdad, la credibilidad es dañada.

Seguridad. Cree un entorno en el que la gente se sienta segura siendo honesta y vulnerable con usted.

Si fomenta un ambiente seguro, los empleados compartirán abiertamente con usted sus necesidades y dificultades sin temor a represalias. Se sentirán libres para expresar sus pensamientos con honestidad, incluso cuando sus perspectivas difieran de las suyas. No utilice esta vulnerabilidad contra ellos, sino úsela para entender cómo puede apoyarlos mejor y ayudarlos a alcanzar el éxito. Cuando los empleados saben que usted los apoya, ellos también lo apoyarán.

Equidad. Trate a todos con equidad.

Deje que la equidad y la justicia sean el sello distintivo de la forma en que evalúa el rendimiento, distribuye los recursos, proporciona recompensas y selecciona a las personas para las asignaciones de elección. Tenga un sistema de toma de decisiones objetivo y estandarizado y adhiérase a él.

Sea transparente sobre su sistema y hágales saber a los empleados lo que se necesita para obtener las recompensas. Los empleados no deberían tener que adivinar lo que hay que hacer para obtener una calificación de rendimiento excelente, recibir un reconocimiento o beneficiarse de otras ventajas.

Coherencia. Sea coherente en lo que dice y hace.

No se puede mostrar compasión en un momento y arremeter al siguiente. La gente necesita previsibilidad. Los empleados no pueden sentirse seguros si no saben qué esperar de su supervisor. Se sentirán incómodos acercándose a usted si no pueden anticipar cómo reaccionará.

La incertidumbre crea un entorno estresante, y este estrés es perjudicial para la salud y el éxito de los empleados y de su organización.

Cumplimiento de promesas. Tenga cuidado con lo que dice y cómo lo dice, ya que las promesas pueden ser directas o simplemente implícitas. Una vez que se compromete, los empleados esperan el cumplimiento. Si no cumple lo prometido, se destruye la confianza.

La confianza requiere un esfuerzo para construirla y mantenerla a lo largo del tiempo y puede perderse rápidamente. Una vez que se rompe confianza se requiere un tremendo esfuerzo para reparar el daño y restaurarla. La buena noticia es que cuando la confianza se ha establecido firmemente y la relación entre el supervisor y el empleado es sólida como una roca, los empleados serán más comprensivos cuando usted cometa errores.

Cada interacción que tenga con los empleados es una oportunidad para ganar y reforzar la confianza. Aproveche estas oportunidades para construir relaciones sólidas que conduzcan al éxito y creen un lugar de trabajo próspero.

El segundo pilar: La comunicación eficaz

La comunicación eficaz fomenta una relación de trabajo cooperativa en la que usted y el empleado intercambian información, recursos y apoyo. Esta comunicación es frecuente, de alta calidad, bidireccional, colaborativa e individualizada.

Frecuente y de alta calidad. La comunicación de alta calidad se caracteriza por el respeto mutuo, la atención, la preocupación y la colaboración.[9]

Debido a todas las prioridades competidoras a las que se enfrenta cada día, es fácil abrumarse con las tareas administrativas. Y aunque no puede renunciar por completo a este aspecto de su trabajo en aras de una comunicación frecuente y de alta calidad, puede lograr y mantener el equilibrio.

La comunicación frecuente y de calidad no tiene por qué ser formal ni requerir una gran cantidad de documentación. Lo mejor es utilizar una variedad de métodos para comunicarse con los empleados en entornos grupales e individuales. Si invierte tiempo y energía en fortalecer su comunicación, usted y los empleados cosecharán los frutos de una sólida relación.

Bidireccional. La comunicación de alta calidad requiere un intercambio de información recíproco y bidireccional.[10]

No puede haber un intercambio de información adecuado si usted es el único que habla. Escuche más y hable menos para comprender mejor las necesidades, prioridades, esperanzas, sueños, temores y preocupaciones de cada empleado. Esta comprensión más profunda es esencial para crear confianza y respeto mutuos. La comunicación bidireccional permite a los empleados aclarar sus dudas, acallar rumores y comprender su visión global y la de su organización. Los ayuda a sentirse capacitados y a desarrollar una percepción positiva del lugar de trabajo.

Colaborativa. Facilite las conversaciones colaborativas.

Aproveche el rico talento, la experiencia y la diversidad de los empleados en el proceso de toma de decisiones. Pida a los empleados que compartan sus ideas, pensamientos y perspectivas. No desanime los desacuerdos saludables, sino que acéptelos como una oportunidad para analizar los problemas y tomar decisiones en equipo. Deje espacio para la negociación y el debate, tanto en grupo como individualmente. Esto contribuirá en gran medida a crear y reforzar la confianza.

Puede ser tentador imponer un rango como líder y ordenar a los empleados que hagan las cosas porque usted lo dice. Sin embargo, comprenda que, si gobierna como un dictador, fomentará el miedo, el descontento, la falta de compromiso, la ira u otras emociones negativas. Un entorno así no es sostenible. Algo acabará cediendo. Dependiendo de la gravedad de la situación, las consecuencias podrían ser el agotamiento de los empleados, la alta rotación, el sabotaje o incluso el levantamiento.

Dependiendo de la gravedad de la situación, las consecuencias podrían ser el agotamiento de los empleados, la alta rotación, el sabotaje, o incluso

Individualizada. Todos tenemos diferentes estilos y preferencias de comunicación. La comunicación individualizada respeta, aprecia y da rienda suelta al poder de estas diferencias para suscitar ideas e innovación.

Ningún estilo de comunicación es mejor que otro, y todos los estilos de comunicación tienen sus altos y bajos. Los altos son cuando nuestros estilos y diferencias de comunicación nos ayudan a conseguir resultados positivos. Los bajos se producen cuando nuestros estilos y diferencias de comunicación crean conflictos insanos y socavan el trabajo en equipo y la colaboración.

Cada estilo de comunicación cumple una función importante en el equipo. Sin embargo, podemos experimentar dificultades cuando nos comunicamos con otras personas cuyos estilos son diferentes a los nuestros. Como líderes, podemos experimentar frustración y malentendidos cuando nuestros enfoques y preferencias de comunicación chocan con los de los empleados.

Es fácil considerar que nuestro enfoque de comunicación es superior y esperar que los demás cambien su estilo para adaptarse al nuestro. Yo he sido culpable de esto y, cuando no tengo cuidado, puedo seguir siéndolo. Debo recordarme continuamente que debo adaptar mi enfoque de comunicación para satisfacer las necesidades de los demás.

Adaptar nuestros estilos de liderazgo no implica que debamos tolerar una comunicación irrespetuosa, como el uso de malas palabras, gritos, insultos y cosas similares. No abordar la comunicación inaceptable creará un entorno de trabajo tóxico.

Como líder, concéntrese en sus preferencias de comunicación y en las de las personas que dirige. Existen evaluaciones, formación y recursos en el mercado que pueden ayudarle a comprender los estilos y diferencias de comunicación y cómo puede aprovecharlos para promover la colaboración y lograr resultados positivos. Estas herramientas pueden ayudarle a navegar por las complejidades de los diversos estilos de comunicación. También proporcionan un punto de referencia común para la comunicación en equipo.

Puede descargar una copia gratuita de la *Guía rápida de los estilos de liderazgo de DISC* en:
https://LeadershipStrength.com/guia-de-disc.

Cuando nos adaptamos con eficacia, ayudamos a los empleados a sentirse atendidos, seguros y protegidos. Inspiramos confianza y nos posicionamos para ofrecer el mejor apoyo posible para que tengan éxito.

El tercer pilar: El empoderamiento

El empoderamiento es el proceso por el que los líderes otorgan a los empleados el poder y la autoridad para tomar decisiones a su nivel, reconocer y resolver problemas,[11] e ir más allá de las expectativas. En un artículo publicado por el *American Journal of Economics and Business Administration*, J.D. Tony Carter afirma que el objetivo clave de los directivos es comprender el equilibrio de los elementos de rendimiento y confiar en sus empleados dándoles poder para que ayuden a la organización.[12]

El empoderamiento fomenta la satisfacción[13] de los empleados y un fuerte rendimiento.[14] Motiva a los empleados a ser innovadores y a defender la excelencia de la organización. El verdadero empoderamiento crea un entorno seguro para que los empleados miren más allá del statu quo y desafíen respetuosamente el pensamiento de sus líderes.

Los líderes que se sienten seguros de sí mismos acogen e incluso anhelan este tipo de debate saludable. Saben que fomenta la diversidad de puntos de vista y estimula la innovación, lo que conduce a formas más eficientes de hacer negocios. El empoderamiento da a los empleados la libertad, la confianza y la seguridad en sí mismos para identificar sus propias necesidades de apoyo y compartirlas con sus líderes.

Involucrar a los empleados. Para ser un líder empoderador, primero acepte el hecho de que usted no tiene todas las respuestas, por muy brillante, educado o experimentado que sea.

Fomente intencionadamente que los empleados aporten sus ideas al trabajo y que participen en el proceso de toma de decisiones cuando sea apropiado y factible. Promueva un debate saludable en el equipo en torno a las decisiones, los problemas, las ideas y otros temas relacionados con el trabajo para considerar los pros, los contras y los riesgos. Esto es todo lo contrario a establecer una cultura de gente que solo dice "sí".

Para ser un líder empoderador, exija que los empleados añadan valor a la organización compartiendo sus ideas y opiniones. Cree un entorno en el que los empleados se sientan responsables a compartir abiertamente lo que realmente piensan, no lo que los jefes quieren oír.

Busque activamente los aportes de los empleados de forma continua. Tener una política de "puerta abierta" en la que los empleados son libres de acudir a su oficina es bueno, pero no promueve los aportes sinceros de aquellos que son demasiado tímidos o se sienten intimidados para visitarlo. Pregunte proactivamente a los empleados lo que piensan y fomente su sinceridad. Cuando respondan con franqueza, escuche, no juzgue la respuesta y tome su tiempo para pensar antes de reaccionar y responder.

No se espera que usted sea completamente inmune a las emociones negativas cuando le llegan las críticas. Sin embargo, la gente espera que usted mantenga la profesionalidad y la compostura y que intente comprender todos los puntos de vista. Como líder, usted marca el tono de la comunicación en el lugar de trabajo y tiene la responsabilidad de crear un entorno de responsabilidad y colaboración en la resolución de problemas.

Eliminar la microgestión. Confíe en los empleados para que hagan el trabajo.

Los grandes líderes no dan a los empleados una explicación detallada de cómo deben alcanzar sus objetivos. Por supuesto, los empleados tendrán que cumplir con los procesos, reglamentos, directrices y normas éticas. Sin embargo, aparte de estas limitaciones, los mejores líderes dan a los empleados la libertad de enfocar su trabajo de la manera que aprovecha sus fortalezas.

Todo el mundo tiene diferencias en cuanto a estilos de trabajo, talentos y preferencias. El empoderamiento respeta estas diferencias y se centra en los resultados. Deje en claro los resultados esperados, desarrolle a los empleados y deles la autonomía necesaria para que realicen su trabajo. Compruebe de vez en cuando que las cosas van en la dirección correcta y proporcióneles el apoyo necesario, pero deles a ellos, y a usted mismo, la libertad de tener éxito.

Buscar el equilibrio. No debemos confundir el empoderamiento con la ausencia completa de apoyo y responsabilidad. Este es un estilo de liderazgo de evasión total.

Los gerentes y supervisores deben ser hábiles para lograr un equilibrio entre el empoderamiento y la responsabilidad. Mientras que el empoderamiento permite a los empleados tomar decisiones según su nivel, la responsabilidad les proporciona el marco adecuado para tomar estas decisiones dentro de las expectativas, los valores y el alcance definidos por la organización. Esperar que los empleados trabajen de forma autónoma y tomen decisiones sin proporcionarles una base sólida no es darles poder.

Determinar la preparación de los empleados. Para proporcionar la cantidad adecuada de autonomía, calcule la experiencia, el nivel de habilidad, el talento y la tarea de cada empleado.

Por ejemplo, si el empleado es nuevo en el puesto, si es la primera vez que va a realizar el trabajo o el proyecto, o si tiene dificultades de rendimiento, es posible que tenga que proporcionarle instrucciones y orientación más detalladas para que tenga éxito. Lo mismo ocurre si la tarea es técnica o requiere un conjunto específico de pasos o procedimientos. Por otro lado, si está trabajando con un empleado experimentado y de alto rendimiento que ya está familiarizado con la tarea y que prefiere la independencia, dele libertad. En cualquier caso, proporcione tanta autonomía como sea apropiado y factible dada la situación, las necesidades y las preferencias del empleado.

Desarrollar a los empleados. Como líder, tiene la responsabilidad de preparar y desarrollar adecuadamente a los empleados para que trabajen con autonomía. Puede utilizar una serie de prácticas para mejorar las capacidades del empleado. Entre ellas se encuentran la comunicación clara, el entrenamiento, la participación de los empleados, los programas de formación, las recompensas,[15] la incorporación de los nuevos empleados, los niveles progresivos de responsabilidad y las tareas de ampliación. Estas prácticas preparan a los empleados para entender las prioridades de la organización, conocer bien su trabajo y tomar decisiones acertadas.

Desencadenar el rendimiento. La investigación ha demostrado que el empoderamiento promueve la confianza de los empleados, lo que aumenta su compromiso y se traduce en un fuerte rendimiento.[16] Varias décadas de investigación también han revelado que el empoderamiento tiene un efecto positivo en la satisfacción de los empleados con la organización.[17] Esto no es sorprendente. Los empleados son más felices cuando trabajan en entornos de colaboración y empoderamiento, ya que favorecen la cohesión del equipo, el intercambio de información y la apertura a diversas perspectivas e ideas.

Promover la excelencia en el servicio al cliente. Los empleados empoderados están preparados para proporcionar un excelente servicio al cliente. En una cultura de empoderamiento, los empleados que trabajan directamente con los clientes pueden adaptar su servicio inmediatamente, sin tener que pasar por capas de aprobación.[18] Pueden hacerlo porque los líderes han creado un ambiente en el que se sienten libres y seguros para tomar decisiones. Así, el empoderamiento crea eficiencia. También motiva y prepara a los empleados para ofrecer una excelente experiencia al cliente.

Empezar por arriba. El liderazgo solidario es primordial para crear una cultura de empoderamiento. Cuando los ejecutivos, gerentes y supervisores crean colectivamente un entorno de trabajo de responsabilidad y empoderamiento, los empleados sienten libertad y control sobre su trabajo diario.[19] Los líderes que habitualmente dirigen con estilos de mando y control desempoderan a los empleados y provocan el conflicto interpersonal.[20]

Un entorno de empoderamiento aumenta la moral, la creatividad[21] y la productividad[22] de los empleados. En este tipo de ambiente, los empleados se comprometen a ir más allá del deber para garantizar el éxito de sus compañeros[23] y de la organización.

En resumen

Una relación sólida entre el supervisor y el empleado es la fuente más importante de apoyo que puede proporcionar a los empleados. Su capacidad para ofrecer otros tipos de apoyo depende del calibre de su relación profesional con los empleados. Si quiere crear un lugar de trabajo que inspire a los empleados a obtener resultados, es fundamental crear una relación sólida entre el supervisor y el empleado mediante una responsabilidad solidaria.

Ponerlo en práctica

Fortalezca su relación con sus empleados directos utilizando los tres pilares de una relación sólida entre el supervisor y el empleado: confianza, comunicación eficaz y empoderamiento.

1. **Construir la confianza.** Conozca a los empleados como individuos para que pueda preocuparse realmente por ellos y apoyarlos. Hable con ellos y averigüe qué es importante para cada uno. ¿La familia, las mascotas, las aficiones o cualquier otra cosa? Escuche y tome nota de las respuestas.
2. **Fomentar la comunicación eficaz.** Evalúe su estilo de comunicación y sus preferencias, así como las de cada uno de los empleados. Considere la posibilidad de utilizar una de las muchas evaluaciones, formación y herramientas disponibles para mejorar la comunicación en el lugar de trabajo. Compañías al rededor del mundo usan el Modelo DISC para fortalecer las relaciones laborales. Aquí puede leer más acerca de este modelo:
https://LeadershipStrength.com/modelo-DISC
3. **Aumentar el empoderamiento.** Implique a los empleados. Busque sus ideas, sugerencias y opiniones.
   - Use un buzón de sugerencias y actúe en función de estas.
   - Programe una reunión de toma de decisiones en equipo la próxima vez que tenga que resolver un problema, aplicar un cambio o iniciar un nuevo proyecto.

- Si dirige una oficina o un departamento grande, organice un foro abierto para todos los empleados.

CAPÍTULO 3

LAS EXPECTATIVAS QUE INSPIRAN

Ayudar a los empleados a comprender la humanidad de lo que hacen cada día hace que sus objetivos sean mucho más significativos.

Las **expectativas** son el principio de un gran rendimiento y la base para alcanzar el éxito. Les dicen a los empleados por lo que se esfuerzan.

Las expectativas que inspiran proporcionan la visión general de por qué su trabajo es importante, lo que tienen que conseguir y cómo se medirán sus logros. Sin una comprensión clara de lo que se espera de ellos, los empleados estarán sin saber hacia dónde se dirigen o el propósito final de su trabajo.

La realidad de los hechos

Vic estaba sentado en su despacho revisando el informe de rendimiento diario. El programa iba bien, pero su unidad lo estaba haciendo aún mejor. Vic sonrió. Su equipo estaba definitivamente en condiciones de obtener el primer puesto de nuevo. Este sería el tercer mes consecutivo. Si seguía así, sería el siguiente en la fila para un ascenso a la dirección.

El teléfono sonó.

"Hola", contestó Vic. "Sí, ahora mismo voy".

Colgó el teléfono, tomó un bolígrafo y un papel y corrió a la oficina de su gerente. La puerta estaba abierta, así que entró. "Hola, Alex".

Alexandra levantó la vista de su escritorio, con un papel en la mano, cuando Vic se acercó. "Hola, Vic. Siéntate, por favor", dijo.

Vic se sentó en la silla frente al escritorio de Alex.

"Tengo una queja sobre Mary", dijo Alex mientras le entregaba a Vic una carta escrita a mano. "Por favor, echa un vistazo".

Vic leyó la carta. El contenido no era sorprendente.

Estimado director, fui a la oficina hoy para ver a mi consejera, Mary. Le pedí que me ayudara a rellenar una solicitud de empleo, pero fue muy grosera. No quiso ayudarme y me dijo que debería haber prestado atención en la clase de solicitud de empleo. Intenté decirle por qué necesitaba ayuda, pero no me escuchó. Sólo siguió hablando. Estoy muy frustrada. Ya no puedo trabajar con ella, pero realmente necesito un trabajo. Por favor, ayúdeme y deme otro consejero.

La carta terminaba con el nombre y el número de teléfono de una adolescente.

Vic miró a Alex después de leer la carta. "Llamaré al cliente ahora mismo".

"No hace falta", le respondió Alex. "Ya lo hice. La carta iba dirigida a mí y quería escucharlo por mí mismo. Si esto es cierto, es inaceptable. El trabajo de Mary es ayudar a nuestros jóvenes a encontrar trabajo. Ellos son vulnerables y muchos tienen dificultades para llegar a fin de mes. Vienen aquí en busca de esperanza, para recibir ayuda, para aprender nuevas habilidades. No para ser menospreciados".

"Estoy de acuerdo", dijo Vic.

Alex continuó: "Lo interesante es que esta joven dice que habló contigo dos veces el mes pasado sobre incidentes similares con Mary. ¿Es esto cierto?"

"Sí", respondió Vic. "Pero..."

Luego, silencio.

"¿Qué dijo ella?" preguntó Alex.

Vic se agarró el cuello de la camisa y respiró profundamente. Contó las dos quejas anteriores de esta chica lo mejor que pudo. Recordaba algo porque los incidentes eran recientes, pero los detalles eran confusos. Las palmas de las manos le sudaban y la sala se sentía congestionada. Alex se limitó a escuchar mientras Vic hablaba, pero su rostro serio lo decía todo.

Cuando Vic terminó, Alex preguntó: "¿Por qué no me avisaste de esos dos incidentes anteriores?".

"No quería molestarte", respondió Vic. "Estás muy ocupada. Tienes muchas cosas que hacer, así que los manejé yo mismo".

"¿Cómo los manejaste?" preguntó Alex.

Vic vaciló por un momento. "Yo... llamé al cliente y resolví el problema. Las dos veces sólo necesitaba un poco de orientación, y se la proporcioné".

"¿Hablaste con Mary de estos dos incidentes anteriores?" Alex siguió indagando.

"No. No hablé con ella", respondió Vic.

"Mira", dijo Alex, "en este momento, no puedes volver atrás y arreglar cómo manejaste estos dos incidentes con Mary. Pero sí quiero aclarar lo que espero de ti de ahora en adelante y cómo vamos a abordar este último incidente."

Alex anotó un par de frases en su cuaderno y continuó: "En primer lugar, siempre que recibas cualquier tipo de queja, por escrito, en persona, por teléfono, no importa cómo la recibas, vas a venir a verme de inmediato para hacérmelo saber. Y los dos vamos a discutirlo y a ponernos de acuerdo sobre cómo vas a manejarlo. Necesito que me mantengas informada de todas las quejas que recibas, no sólo de las de Mary. No importa lo grandes o pequeñas que sean, necesito saberlo".

Vic asintió con la cabeza.

"Ahora, ¿hay algo más que deba saber? ¿Algo más que no me hayas contado?"

Vic pensó. *¿Debo decirle a Alex sobre las otras quejas de Mary? Dice que quiere saberlo. Pero fueron muchas, y Alex no va a estar contenta. Además, ni siquiera puedo recordarlas todas. No, no se lo diré. Empezaré de cero. Sí, empezaré de cero.*

"¿Vic?" Alex le presionó.

"No. No hay nada más".

Alex continuó, "Ahora sobre esta última queja..."

Alex y Vic discutieron largamente el enfoque que Vic tomaría para enfrentar esta última queja con Mary.

Los objetivos que inspiran

Para fomentar un gran rendimiento, no basta con establecer expectativas. Hay que inspirar.

La gente ha nacido para la grandeza. En lo más profundo de nuestro ser, hay un anhelo de marcar la diferencia en este mundo. Cuando nuestro último día en esta tierra llegue a su fin, queremos que nuestras vidas hayan importado. Queremos haber logrado algo significativo o haber hecho de este mundo un lugar mejor. Deseamos una vida con sentido. Algunas personas son más conscientes de este deseo que otras. Este anhelo de sentido es un gran motivador, tanto en el hogar como en el trabajo.

Pintando la visión

Los objetivos efectivos hacen progresar la visión de su organización. Como líder, debe pintar una imagen vívida de por qué y cómo el trabajo que usted y sus empleados hacen marca la diferencia. En el centro de esta imagen, debe situar la visión de su organización.

Si usted no cree en la visión de su organización o sus valores no están alineados con la visión, no podrá inspirar a los empleados para que la promuevan. Debe alinearse con lo que su organización está tratando de lograr o explorar sus opciones.

Es la visión, y no el número de artículos que usted produzca o qué tan rápido haga las cosas, lo que inspira y enciende la pasión por la excelencia. Los objetivos que se centran únicamente en el dinero, los niveles de producción u otras mediciones rutinarias no inspiran. Comunique continuamente la visión de su organización y cómo la consecución de los objetivos de rendimiento la hará avanzar.

Para inspirar a los empleados, establezca intencionadamente la conexión entre los objetivos medibles de su organización y la forma en que promueven el bien común de la organización y sacan lo mejor de la humanidad.

Humanice los objetivos de su organización y explique el significado más profundo de su impacto. Cuando humaniza los objetivos, ya no se centra en la garantía de calidad para la producción de piezas de aviones; promueve la seguridad de los hombres, mujeres y niños que vuelan en ellos. No se limita a cumplir la normativa sobre servicios alimentarios, sino que previene las enfermedades transmitidas por los alimentos y mantiene la salud de la comunidad. No solo procesa solicitudes para programas de servicios sociales, sino que transforma vidas e impacta el bienestar de las generaciones venideras. Ayudar a los empleados a comprender la humanidad del trabajo que realizan cada día hace que los objetivos sean mucho más significativos.

Comparta la visión y los objetivos asociados a lo largo y ancho: en las reuniones de personal y de unidad, en los boletines de noticias, en los tablones de anuncios electrónicos y en todas las oportunidades que se le ocurran.

Mantener viva la visión crea un sentido de significado. Sin estos recordatorios constantes de por qué su trabajo es importante, la gente puede volverse complaciente, el trabajo puede convertirse en una rutina y la pasión de los empleados puede extinguirse.

La visión de YouthZone

YouthZone era una organización comunitaria que ofrecía varios tipos de programas educativos y de empleo para jóvenes con bajos ingresos. La visión de YouthZone era "capacitar a los jóvenes a través de la educación y el empleo para que lleven una vida sana, segura y productiva y alcancen su pleno potencial". Esta visión era el bien mayor de YouthZone y lo que le daba sentido al trabajo de sus empleados.

Como directora del Programa de Empleo Juvenil, Alex se apasionaba por esta visión. Comprendía bien las dificultades de los cientos de jóvenes a los que YouthZone prestaba sus servicios.

Había crecido en una comunidad de bajos ingresos que se enfrentaba a lo que a menudo le parecía una dificultad insuperable para salir adelante. Tuvo la suerte de cruzarse con personas que creyeron en ella y la ayudaron cuando más lo necesitaba. Pero Alex sabía que no todos los jóvenes tenían alguien a quien recurrir. Por eso el trabajo de YouthZone era tan importante para ella, y se comprometió a llevarlo a cabo. Esperaba que su personal prestara un servicio rápido y eficaz y que tratara a los jóvenes con el máximo respeto. Un excelente servicio al cliente no era opcional. Era una expectativa.

Utilizar objetivos para el autodesarrollo de los empleados

Décadas de investigación han demostrado una relación positiva entre los objetivos de rendimiento y el rendimiento laboral. Van Yperen, Blaga y Postmes realizaron un metaanálisis de 98 artículos publicados hasta el 1 de enero de 2015, con 33.983 participantes. Revisemos las conclusiones de los investigadores en relación con dos tipos de objetivos, a los que nos referiremos como objetivos de autodesarrollo y objetivos de comparación con los compañeros.[24]

Objetivos de autodesarrollo

Los objetivos de autodesarrollo centran a los empleados en su propio desarrollo. Los supervisores evalúan el rendimiento basándose en el dominio de una tarea o un proyecto por parte de los empleados en comparación con las expectativas y los estándares establecidos.[25]

Existe un fuerte vínculo entre los objetivos de autodesarrollo y el rendimiento laboral, tanto en las tareas habituales de los empleados como en las que van más allá de sus funciones. Las personas que se centran en el autodesarrollo y el dominio de su trabajo, en lugar de superar a los demás, desarrollan hábitos de trabajo más saludables. Demuestran interés por su trabajo, cooperación e impulso para alcanzar la excelencia en el rendimiento. Respetan las diferentes perspectivas y opiniones y comparten los recursos.[26] Esto promueve un entorno de trabajo sano y cooperativo.

Objetivos de comparación con los compañeros

Los objetivos de comparación con los compañeros basan el éxito de los empleados en la comparación de su rendimiento con el de sus compañeros.[27] Evaluar el rendimiento de los empleados en comparación con sus compañeros puede promover un mayor esfuerzo para cumplir los objetivos y dar lugar a un alto rendimiento, pero también puede tener efectos secundarios negativos en los empleados.[28]

La investigación ha revelado varios pros y contras cuando se trata de utilizar objetivos de comparación con los compañeros.

Por un lado, esforzarse por rendir más que los demás puede dar lugar a una experiencia de aprendizaje positiva, promover un mayor esfuerzo de los empleados, estimular una "necesidad de logro", fomentar la confianza de los empleados en sí mismos, generar un trabajo de calidad, motivar a los empleados a aspirar a más y, en última instancia, mejorar el rendimiento.[29]

Por otro lado, los objetivos de comparación entre compañeros pueden ser perjudiciales. Pueden producir "ansiedad, preocupación, afecto negativo (emociones negativas), insatisfacción y relaciones interpersonales tensas". Pueden desmotivar, aumentar el perfeccionismo disfuncional y amenazar a los empleados, ya que el fracaso en el rendimiento puede demostrar una "falta de capacidad en comparación con los demás." Evaluar a los individuos que no están orientados al rendimiento en comparación con los demás puede ser especialmente perjudicial.[30]

Un enfoque equilibrado

La clave para establecer objetivos de rendimiento saludables es encontrar un equilibrio entre los objetivos de autodesarrollo y los objetivos de comparación con los compañeros.

No compare a los empleados con otros cuando establezca los objetivos, evalúe el rendimiento y proporcione retroalimentación. Céntrelos en el cumplimiento de los estándares establecidos. Este enfoque crea un entorno de trabajo menos estresante y más cómodo.[31] Promueve la responsabilidad, pero se centra en el autodesarrollo y la mejora del empleado. El éxito del empleado se basa en un objetivo fijo, que no se mueve en función del rendimiento de los demás en la organización. Como el objetivo es estable, reduce la ambigüedad y da a los empleados una comprensión firme de lo que quieren conseguir.

Los objetivos de rendimiento establecidos por su organización son el estándar ideal. Sin embargo, los empleados también necesitan conocer el contexto relevante en el cual evaluar su rendimiento. Proporcione a los empleados información sobre el rendimiento de su unidad y de la organización. Si un empleado está teniendo dificultades, ver el rendimiento de su unidad y de la organización en su conjunto le dará el contexto necesario para dar sentido a su rendimiento. Si otros también tienen bajo rendimiento, esto puede ser un alivio. Pero si es el único con desafíos, puede centrarse en su propia mejora.

Poner las expectativas por escrito

Ponga las expectativas por escrito. Los objetivos, las normas y las expectativas por escrito reducen la ambigüedad para los empleados y les dan una indicación clara de lo que tienen que conseguir para avanzar en la visión y la misión de su organización y para tener éxito en el trabajo. También constituyen la base para supervisar y evaluar el rendimiento.

Los objetivos y expectativas de su organización

Las organizaciones han establecido políticas, procedimientos y expectativas para los empleados. Aprovecharlas es la forma más eficaz de garantizar la alineación de los objetivos.

Estas expectativas fueron desarrolladas por su organización y deberían haber sido examinadas a través de los canales adecuados. Muchas organizaciones y empresas someten sus políticas, procedimientos y expectativas a un proceso de revisión que puede incluir recursos humanos, gestión de riesgos, asesoría jurídica, relaciones laborales y otros departamentos relevantes.

Este proceso de aprobación minimiza el riesgo para usted y su organización. Además, dado que han pasado por una amplia revisión y aprobación organizativa, puede estar seguro de que están en consonancia con la visión y los objetivos estratégicos de la organización.

Algunas de las expectativas se aplican a todos los empleados de la organización, y otras son específicas de cada departamento o puesto. Es imprescindible que conozca las políticas, los procedimientos y las expectativas de su organización y el modo en que afectan a su departamento y unidad, ya que se espera que lidere a su equipo en su cumplimiento.

Priorización

No todas las políticas, procedimientos y expectativas son iguales. Hay algunos que se elevarán a la cima como de alto impacto y alta prioridad. Algunas tendrán que consultarse con frecuencia, como los procedimientos y las expectativas de asistencia, puntualidad, solicitud de tiempo libre, diligenciamiento de tarjetas de tiempo, servicio al cliente, etc. Otros pueden incluir indicadores clave de rendimiento, normas de servicio al cliente, prioridades organizativas, iniciativas importantes y cultura corporativa.

Revise las políticas, los procedimientos y las expectativas establecidos y priorícelos según la frecuencia de uso, el nivel de impacto en las calificaciones de rendimiento de los empleados y el nivel de prioridad para su organización, departamento y director. Una vez que haya pasado por este proceso, determine cuáles son las más importantes para su equipo. Esto no significa que pueda ignorar todas las demás; sin embargo, este proceso de priorización lo ayuda a centrar el tiempo, el talento y la energía de su equipo en los objetivos que más importan.

El conjunto de expectativas

Tome las políticas, los procedimientos, los objetivos y las expectativas de mayor impacto y prioridad de su organización y reúnalos para crear un conjunto de expectativas. No se limite a entregar el conjunto a los empleados y pedirles que lo lean. Si lo hace, es posible que lo que lo archiven sin revisarlo. En su lugar, tómese el tiempo necesario para discutir las expectativas con su equipo y responder a sus preguntas.

> **Consejo sobre la documentación:** Documente la entrega del conjunto de expectativas pidiendo al empleado que firme y ponga la fecha en un acuse de recibo detallado (Apéndice A). Archive una copia del formulario en el expediente del empleado y conserve copias de las expectativas.

Buscando orientación

Obtenga la aprobación de su director, de recursos humanos, del asesor jurídico o de otros expertos, según convenga a su organización, antes de emitir expectativas por escrito y de utilizar cualquier formulario o plantilla de documentación. Estos expertos pueden orientarlo sobre el protocolo de su organización y el proceso de aprobación para la elaboración y emisión de documentos relacionados con los recursos humanos. Evaluarán si el lenguaje que utiliza es apropiado y lo ayudarán a minimizar el riesgo.

Las prioridades de Alex

Vic tenía un sólido conocimiento de los indicadores de rendimiento que eran importantes para Alex. Había sido clara desde el principio. Cuando empezó a supervisar a Vic y al resto del equipo de dirección del Programa de Empleo Juvenil cuatro meses atrás. Había expuesto sus expectativas. Incluso se las había dado por escrito y había enfatizado los objetivos prioritarios de la organización:

Objetivo 1 - Colocación laboral

"Colocar al 90% de los solicitantes del programa en puestos de trabajo a tiempo parcial en los 30 días laborables siguientes a la fecha de solicitud".

Objetivo 2 - Conservación del empleo

"Garantizar que el 75% de los jóvenes colocados en puestos de trabajo conserven su empleo durante 90 días laborables o más".

Objetivo 3 - Prevención de quejas de los clientes

"Proporcionar un excelente servicio al cliente para garantizar la recepción de cero quejas válidas de los clientes".

Vic sabía que a Alex le importaban mucho tanto el rendimiento como el servicio al cliente, así que hizo lo que pudo para mantenerla contenta. Y, como los informes mensuales de rendimiento publicados por el coordinador de calidad de Alex se centraban en los objetivos de colocación y retención de empleo, eso es lo que Vic enfatizaba con su equipo. Es lo que Alex utilizaba para calificar el rendimiento de Vic.

El enfoque constante de Vic en los objetivos de colocación y retención de su equipo tuvo resultados positivos. Su equipo fue el de mayor rendimiento en el programa durante dos meses consecutivos y estaba en la competencia por un tercer mes. Hasta hace poco, el equipo de Vic también había cumplido el objetivo de la prevención de quejas con cero quejas válidas cada mes.

Vic siempre había utilizado su encantadora personalidad para apaciguar a los clientes y evitar que sus quejas se elevaran. Pero esta última llegó a Alex, y ahora ella quería que Vic respondiera de todas las quejas recibidas.

Qué pérdida de tiempo. Vic tenía mejores cosas que hacer que cuidar a su personal. Estaba ocupado haciendo su trabajo, asegurándose de que su equipo fuera el mejor en la colocación y retención de empleos. No tenía tiempo que perder con las quejas de Mary. Para empeorar las cosas, Alex lo obligaba a reunirse con Mary y a documentar la conversación; como si no tuviera otra cosa que hacer.

¿Por qué no podía Alex dejarlo en paz como había hecho Tim, su anterior jefe? Tim nunca había querido ser molestado con las quejas de los clientes. Mientras los números fueran buenos y el director general y la junta directiva estuvieran contentos, eso era lo único que le importaba a Tim. Las cosas iban bien entonces.

Pero Alex ahora estaba a cargo de la evaluación del desempeño de Vic.

Vic sabía que, si quería ascender, tenía que estar de acuerdo con ella. Se reuniría con Mary para tratar esta última queja, tal y como Alex le había pedido, pero hoy no. Tenía demasiadas cosas que hacer. Tendría que encontrar tiempo en su agenda.

Lo que los empleados esperan de usted

Las expectativas son una vía de doble sentido. Al igual que los directores y supervisores tienen expectativas de sus empleados, los empleados también tienen expectativas de sus supervisores, directores y organizaciones. Además de asegurarse de que sus subordinados directos entienden lo que usted espera de ellos, es importante entender lo que ellos esperan de usted, individualmente y como equipo.

Durante las conversaciones iniciales y posteriores dirigidas a los objetivos, aclare lo que los empleados esperan y necesitan de usted. Esto le ayudará a identificar el apoyo que necesitan para alcanzar el éxito.

En resumen

Los objetivos y las expectativas son el principio de un gran rendimiento. Permiten a los empleados saber a qué aspiran. Sin embargo, no son suficientes por sí solos. Como líder, debe inspirar y despertar la pasión de los empleados y comunicarles cómo los objetivos de rendimiento de su equipo promueven la visión y el bien común de su organización y de la humanidad.

Los empleados necesitan transparencia. Necesitan ver los datos de rendimiento de la organización y del equipo para dar sentido a su rendimiento. Por último, las expectativas son un camino de ida y vuelta, y usted debe entender lo que los empleados esperan de usted. Esta comprensión lo ayudará a proporcionar el apoyo que los empleados necesitan para tener éxito.

Ponerlo en práctica

1. Prepare un conjunto de expectativas y entréguelo a su equipo.
2. Si un empleado tiene dificultades de rendimiento, empiece por aclarar y reforzar las expectativas.
3. Siéntese con cada uno de sus empleados y pregúnteles qué necesitan y esperan de usted. Prepárese y no se ponga a la

defensiva. Independientemente de su respuesta, agradézcales sus comentarios. Le han proporcionado información valiosa sobre la que puede reflexionar para ayudarlo a convertirse en un mejor líder.

CAPÍTULO 4

EL MONITOREO: CENTRARSE EN LO IMPORTANTE

Cuando la luz brilla en el trabajo de las personas, éstas mostrarán su máximo rendimiento.

El **monitoreo**—medir, observar y revisar el trabajo—promueve un fuerte rendimiento de los empleados y la organización.[32]

Los líderes que supervisan la calidad del trabajo e interactúan de forma proactiva con los empleados promueven mayores niveles de productividad.[33]

Los empleados se centrarán en lo que usted monitorea. Cuando usted mide, observa y revisa indicadores específicos de rendimiento y servicio al cliente, está señalando a su equipo que son una prioridad. Los empleados leerán estas señales y se centrarán en ofrecer aquello que usted supervisa.

Principios de un monitoreo eficaz

Los empleados son muy conscientes de cuáles son sus numerosas tareas, proyectos, actividades y objetivos de rendimiento que usted supervisa y con qué frecuencia. También son conscientes de cuándo y qué es lo que no se supervisa. Este conocimiento influye en la orientación de sus esfuerzos.

Tómese el tiempo necesario para medir, observar y revisar el trabajo más importante.

Mantener la equidad y la transparencia

Para que el monitoreo sea efectivo, utilícelo para medir el rendimiento de los empleados en relación con las expectativas establecidas, conocidas y objetivas de rendimiento, las metas, las métricas y los estándares.[34] Mantenga el monitoreo y el proceso de evaluación simple, objetivo y consistente para todos los empleados de la misma descripción de trabajo y función. Base sus actividades de supervisión en las normas, objetivos y expectativas establecidas que ya ha comunicado y para las que ha preparado a los empleados.

Siempre que sea posible, informe a los empleados de antemano de lo que va a supervisar. El objetivo de la supervisión es evaluar si los empleados están cumpliendo los objetivos de rendimiento, no sorprenderlos o descubrirlos haciendo algo malo. Si informa a su equipo de lo que está supervisando, centrará su atención en los objetivos y prioridades que le importan a usted y, sobre todo, a su organización.

Monitorear el rendimiento grupal e individual

Supervise tanto a nivel grupal como individual. La supervisión del rendimiento a nivel de grupo le permite conocer el rendimiento de su organización, departamento, sección y unidad. También proporciona datos de comparación, demostrando el rendimiento de su equipo en comparación con el resto de la organización y el rendimiento de los individuos en comparación con su equipo. Sin embargo, no es necesario difundir los datos de rendimiento individual. En su lugar, comparta los resultados del rendimiento individual con cada empleado durante las conversaciones privadas acerca de los resultados.

Si quiere influir en el rendimiento de los empleados, el monitoreo a nivel individual es vital. Como hemos revisado en el Capítulo 3, "Las expectativas que inspiran", la evaluación del desempeño basada en metas y objetivos establecidos crea un lugar de trabajo más saludable que si comparamos el rendimiento de los empleados con el de sus compañeros.[35] Sin embargo, es importante mostrar transparencia en el rendimiento de la organización y del equipo para que los empleados puedan dar sentido a su rendimiento en función del panorama general. Además, la transparencia en el rendimiento de la organización y de los equipos fomenta un mayor nivel de responsabilidad para quienes ocupan puestos de liderazgo.

Monitorear consistentemente

Monitoree los indicadores clave de rendimiento de manera consistente y haga saber a los empleados a través de retroalimentación continua lo que está monitoreando. Esta comunicación garantiza a los empleados que su proceso de medición y revisión del rendimiento es justo y se basa en normas de rendimiento establecidas y en la consecución de estas normas por parte de los empleados, en lugar de basarse en medidas subjetivas.

El monitoreo continuo del rendimiento también lo ayuda a construir la credibilidad con su equipo, ya que el control demuestra que usted está comprometido como líder para asegurar su éxito.

Si se hace con un enfoque de responsabilidad solidaria, los empleados verán su supervisión como un apoyo y no como una vigilancia. La revisión del rendimiento del grupo y de los individuos de forma coherente y a intervalos regulares demuestra la equidad en la evaluación del rendimiento y promueve un rendimiento sólido.

Herramientas para el monitoreo del Programa de Empleo Juvenil

Alex estaba sentada en su despacho, recordando su primer día como directora del Programa de Empleo Juvenil de YouthZone. Como gestora experimentada, se había unido a la organización hace cuatro meses porque creía en el trabajo que la pequeña organización sin fines de lucro estaba haciendo para marcar la diferencia en las vidas de los jóvenes.

Recordó sus primeras semanas para conocer el terreno. Alex estaba satisfecha con las herramientas de control del rendimiento de la organización. El programa contaba con un sólido sistema automatizado de gestión del trabajo que recogía los avances en los objetivos de rendimiento críticos por programa, unidades de supervisión y empleados individuales. Estos datos eran útiles para ayudar a su equipo de liderazgo a centrarse en lo que importaba.

Pero no estaba del todo satisfecha con el monitoreo del servicio al cliente. La espera de las quejas de los clientes era reactiva. Cuando llegaba una queja, ya era demasiado tarde. Alex necesitaba adelantarse a los puntos débiles del servicio al cliente antes de que se convirtieran en problemas mayores. Tenía que averiguar lo que su programa, las unidades de supervisión y los empleados individuales estaban haciendo bien y lo que podían mejorar.

Durante sus dos primeros meses en YouthZone, Alex había trabajado en un plan para reforzar la supervisión del servicio al cliente. Ella había recibido el apoyo de su director y había lanzado un nuevo programa de satisfacción del cliente. Incluía una encuesta de satisfacción del cliente que había desarrollado su coordinador de calidad y un software listo para usar que había comprado para recopilar datos y generar informes.

Hacía ya un mes que ella había puesto en marcha el programa, pero los jóvenes no proporcionaban muchas encuestas. Además, su descubrimiento de que Vic no había compartido las dos quejas que había recibido de uno de los clientes de Mary era preocupante.

¿Eran éstas las únicas quejas que Vic le había ocultado? ¿Y los demás supervisores? ¿Estaban ocultando cuestiones similares?

El hecho de no conocer el grado de satisfacción de los clientes inquietaba a Alex. Tenía que presionar para obtener más opiniones de los clientes. Tenía que animar a los jóvenes a que enviaran sus encuestas para poder tener una idea exacta de los niveles de satisfacción de los clientes hacia su programa.

Formas de monitorear

Hay muchos métodos para medir, observar y revisar el trabajo. Su organización debería contar ya con herramientas de monitoreo y evaluación. Averigüe cuáles son, conozca su funcionamiento y aplíquelas para promover la excelencia en el rendimiento.

A continuación, se ofrecen algunos ejemplos de formas de monitorear.

Revisión de los informes de rendimiento

Las organizaciones suelen utilizar los informes de rendimiento para monitorear y gestionar los objetivos de rendimiento esenciales para la misión.

Identifique los informes de rendimiento disponibles a nivel organizativo, grupal e individual. Si su organización cuenta con un sistema automatizado de gestión del trabajo, es posible que tenga acceso a informes de rendimiento. En muchos casos, puede obtener informes personalizados utilizando una variedad de filtros.

Una desventaja de un sistema automatizado robusto es que puede tener tantos informes de rendimiento disponibles que usted no sabe por dónde empezar. Muchos de estos informes pueden ser útiles para otra persona de su organización, pero también pueden distraerlo de centrarse en los objetivos clave de rendimiento.

Para evitar el agobio para usted y su equipo, averigüe qué objetivos e informes de rendimiento son los más importantes para su función y los que se utilizarán para evaluar su rendimiento. Estos son los objetivos de rendimiento críticos en los que debe centrarse y reforzar con su equipo. Aprenda qué significan estos informes y objetivos, el nivel de rendimiento que se espera que alcance su equipo y cómo se recopilan y comunican los datos para determinar los logros de su equipo.

Domine el uso de los informes pertinentes. Averiguar qué campos del sistema debe rellenar su equipo y cómo afecta esta entrada de datos a los resultados de rendimiento. Entender cómo el sistema recoge los datos y cómo las acciones del usuario final afectan a los informes de rendimiento le ayudará a identificar las mejores prácticas. También le permitirá enseñar a los empleados a utilizar correctamente el sistema automatizado, lo que impactará sus resultados de rendimiento individuales y colectivos.

Los informes de rendimiento sólo valen la pena si se utilizan para inspirar un gran rendimiento. Centre continuamente a su equipo en los resultados de rendimiento que revelan estos informes y en cómo estos resultados hacen avanzar la visión y la misión de su organización. Revise regularmente estos informes. Comparta datos organizacionales y de equipo abiertamente y discuta el desempeño individual en reuniones privadas. Los informes que simplemente acumulan polvo no inspirarán rendimiento.

Si no dispone de informes automatizados, averigüe si existe un mecanismo manual establecido para recopilar datos sobre el rendimiento, como una hoja de cálculo o una base de datos. Si no es así, es posible que tenga que desarrollar uno. Este método de control es lento e ineficaz. Sin embargo, no tener ningún mecanismo es perjudicial para una gestión eficaz del rendimiento.

Si no tiene un sistema automatizado de recopilación de datos y generación de informes, hable con su supervisor sobre la necesidad de este recurso y cómo puede beneficiar a su organización.

Vic monitorea el desempeño de su equipo

A Vic le apasionaba el rendimiento de su equipo. Nada le alegraba más que ver a su equipo superando a los demás en cuanto a colocación y retención de empleo. Los resultados de estos dos objetivos se publicaban en los informes mensuales de rendimiento del programa y la unidad. Vic esperaba ansiosamente los resultados de cada mes.

Los objetivos eran claros:

Objetivo 1 - Colocación laboral

"Colocar al 90% de los solicitantes del programa en puestos de trabajo a tiempo parcial en los 30 días laborables siguientes a la fecha de solicitud".

Objetivo 2 - Conservación del empleo

"Garantizar que el 75% de los jóvenes colocados en puestos de trabajo conserven su empleo durante 90 días laborables o más".

En YouthZone, se compilaban y comunicaban los datos de colocación y conservación de empleo a través de YouthTrak, su sistema de gestión de trabajo automatizado. Los especialistas en empleo juvenil gestionaban su trabajo introduciendo los datos de progreso en YouthTrak.

El sistema calculaba automáticamente las estadísticas de colocación y retención de empleo por programa, unidad y empleado, basándose en los datos introducidos por el personal. Diariamente, Vic consultaba el sistema y sacaba informes de rendimiento en tiempo real para el programa y su equipo. Esto lo ayudaba a adelantarse a cualquier problema que afectara a sus cifras. Su diligencia en el monitoreo del rendimiento de su equipo dio sus frutos.

Hoy era el primer día laboral del mes, y Vic estaba entusiasmado por ver los datos finales del mes anterior. Ha sacado los informes mensuales de rendimiento de YouthTrak. Sus cifras eran excelentes. Su equipo de siete especialistas en empleo juvenil había logrado un 92% en colocación laboral y un 81% en conservación del empleo, superando los objetivos del 90% y el 75% respectivamente. Vic estaba satisfecho. Una vez más, había superado a sus compañeros. Era el tercer mes consecutivo. Seguramente Alex estaría impresionada.

> **Consejo sobre la documentación:** Consulte el Apéndice B - Informe mensual de rendimiento del programa y el Apéndice C - Informe mensual de rendimiento de la unidad. Conserve copias de los informes de rendimiento. Puede mantenerlos en el expediente del empleado o en un lugar centralizado, lo que sea más conveniente.

La historia detrás de los números

Los informes de rendimiento no se sostienen por sí solos. Es necesario conocer la historia que hay detrás de las cifras. Aunque los informes de rendimiento ofrecen información cuantitativa sobre el rendimiento de su equipo y de cada uno de los empleados, los datos también tienen un lado cualitativo. Este no puede ser medido o cuantificado, sino que proporciona información sobre las cualidades del rendimiento, las limitaciones y otra información relevante.

Juntos, los datos cuantitativos y cualitativos ofrecen una imagen completa del rendimiento de la organización, del equipo y del individuo. No se puede confiar únicamente en los datos cuantitativos para evaluar el rendimiento. Para una evaluación precisa y justa, hay que tener en cuenta la historia que hay detrás de los números.

El productor bajo

El director de una oficina ocupada estaba revisando los informes semanales de productividad de un equipo de tres empleados de procesamiento de pagos que estaban bajo su supervisión indirecta. Los informes mostraban que dos de ellos habían procesado un número aceptable de pagos durante la semana. Sin embargo, la tercera empleada sólo había logrado la mitad de la productividad de sus compañeros.

El director también revisó un informe del sistema de control de horarios de los empleados. En él se mostraba que los tres empleados habían trabajado una semana de 40 horas. Para el director, la tercera empleada no estaba rindiendo lo suficiente.

Molesto, llamó a la supervisora del centro de pagos a su oficina y se quejó de que ella no estaba haciendo su trabajo. Le reclamó que ella había dejado que el empleado tuviera un bajo rendimiento durante toda una semana sin llamarle la atención. Había desperdiciado el tiempo y el dinero de la empresa y no había conseguido que el empleado asumiera su responsabilidad.

La supervisora escuchó atentamente hasta que el director terminó. Entonces, de manera profesional, le explicó que el empleado con las cifras más bajas de productividad era en realidad su mayor productor. En circunstancias normales, este empleado procesaba sistemáticamente un 25% más de pagos que los otros dos empleados.

La razón por la que la productividad de la empleada parecía baja esa semana era que estaba trabajando en un proyecto especial que el director había solicitado. Las dos últimas semanas habían sido más lentas de lo habitual en el centro de pagos, por lo que la supervisora había asignado a la empleada el proyecto para ayudarla en su desarrollo. La gran noticia era que la empleada había completado el proyecto una semana antes de la fecha límite y había vuelto al centro de pagos. El supervisor estaba revisando el producto final, y estaría en la mesa del director al cierre de la jornada.

El director se sintió avergonzado. Había sacado conclusiones basadas únicamente en los datos, sin intentar primero conocer la historia que había detrás de las cifras. Y lo que es peor, en su frustración, su planteamiento había sido de responsabilidad sin apoyo.

Observaciones

Como herramienta de monitoreo, las observaciones son una forma de obtener la historia detrás de los números. Pueden ayudarlo a identificar los factores que contribuyen al alto y al bajo rendimiento. Cuando se comparan las observaciones con los informes de rendimiento se puede determinar qué empleados son más eficientes y cuáles pueden tener problemas. Puede utilizar esta información para ofrecer formación y apoyo a quienes lo necesiten.

Las observaciones también pueden ayudarlo a identificar las deficiencias del proceso, como los obstáculos, las transferencias innecesarias, la duplicación de esfuerzos y otros problemas que pueden afectar al rendimiento. Además, las observaciones pueden ayudarlo a determinar la necesidad de herramientas, equipos y otros recursos.

Compruebe sus datos e hipótesis con las observaciones y otra información relevante. Hable con las personas clave en las distintas fases del proceso. Los problemas de rendimiento no siempre tienen que ver con los empleados que están al frente. A veces tienen que ver con los sistemas, los procesos, el liderazgo, las necesidades de apoyo o una combinación de todos ellos.

La transparencia es vital. Las observaciones pueden resultar incomodas para los empleados, sobre todo si es usted nuevo en el equipo. Para mitigar estas preocupaciones, informe a los empleados con antelación de que va a realizar una observación y comuníqueles el motivo. Los empleados apreciarán su transparencia. A menudo apreciarán que usted se haya interesado por lo que hacen y que tenga la intención de ayudarlos. Si aborda el proceso de observación con una mentalidad de apoyo, también puede ser un paso en la construcción de la confianza de los empleados.

La observación puede alterar el comportamiento de los empleados. Los empleados pueden cambiar su comportamiento y rendimiento durante sus observaciones. Es posible que aceleren su trabajo o se vuelvan más diligentes respecto a su calidad de lo que es habitual en ellos.

Sin embargo, esto no es motivo de preocupación. La razón por la que usted observa es para descubrir la historia que hay detrás de los números. Esto incluye la identificación de oportunidades de mejora, la prestación de apoyo y la aplicación de soluciones. Incluso si los empleados cambian su comportamiento durante sus observaciones, aún puede obtener algunas ideas útiles.

Obtener una visión más cercana de cómo se realiza el trabajo le proporcionará el contexto adicional a partir del cual apoyar, supervisar y evaluar el rendimiento de los empleados. También puede identificar las mejores prácticas de los empleados con mejor rendimiento y utilizarlas para ayudar a los que tienen dificultades en la misma función.

La velocidad de la luz

Como gerente experimentado, me trasladé a una gran oficina en la que los empleados se enfrentaban a retos medioambientales para el rendimiento. Antes de esto, trabajé durante varios años en diversas funciones de gestión de operaciones con múltiples oficinas de gran volumen que prestaban servicio a la misma base de clientes. Las oficinas tenían diferentes matices, dinámicas de equipo e influencias ambientales. Conocer cada una de estas operaciones era vital para proporcionar a los empleados una responsabilidad solidaria.

Ahora, en una nueva oficina, quería conocer de primera mano los retos a los que se enfrentaban los empleados. Por lo tanto, pedí al equipo de dirección que me organizara observaciones informales de tres empleados: uno de alto rendimiento, otro que cumplía las expectativas y otro que tenía dificultades.

Al programar la visita del empleado con problemas, el equipo de dirección me informó de que él tenía problemas de calidad y era lento en el procesamiento del trabajo. Sin embargo, cuando lo seguí de cerca, me sorprendió verlo procesar el trabajo con atención al detalle y con notable rapidez.

Compartí mis observaciones con los supervisores del equipo, que estaban convencidos de que había observado a otro trabajador por error. Investigaron y no había ningún error. Cuando la luz ilumina el trabajo de las personas, éstas dan su mejor rendimiento.

Observaciones de los empleados

Cuando usted empiece en un nuevo puesto o función, puede usar las observaciones de los empleados como parte de su proprio plan de desarrollo. También puede utilizarlas para ayudar a mejorar el rendimiento de los empleados.

Observaciones del trabajo para su autodesarrollo. Tan pronto como se presente a un nuevo puesto de liderazgo, aprenda rápidamente el funcionamiento interno de sus operaciones. No espere a que su jefe elabore un plan de aprendizaje para usted. Demuestre responsabilidad, iniciativa y sentido de urgencia, programando la observación del trabajo de los empleados como parte de su plan de capacitación y comunicándoselo a su jefe inmediato.

Observar a los empleados mientras trabajan es una excelente manera de aprender sobre las personas, los productos, los procesos y los servicios que están bajo su supervisión. Si es nuevo en el puesto, seguir a los empleados lo ayudará a aprender el flujo del proceso y cómo se hace el trabajo. Si es un líder con experiencia en el mismo puesto, pero se traslada a otra unidad, sección, oficina o división las observaciones de su nuevo equipo lo ayudarán a comprender los matices de su nuevo entorno. En cualquier caso, las observaciones lo ayudarán a comprender lo que hacen realmente los empleados de primera línea. Le dará una profunda apreciación de los éxitos y desafíos que ellos experimentan cada día.

Equipado con este conocimiento, estará en una posición mucho mejor para proporcionar una responsabilidad solidaria.

Observaciones del trabajo para mejorar el rendimiento. Las observaciones de los empleados son también una buena herramienta para ayudarlos a mejorar su rendimiento. Si tiene empleados con problemas significativos en su trabajo que no han podido corregir a pesar del entrenamiento, la formación y otros apoyos, puede ser el momento de realizar unas observaciones.

Las personas son individuales, y lo que funciona para una persona puede no funcionar para otra. Las observaciones de los empleados con dificultades pueden ayudarlo a descubrir sus fortalezas, debilidades, dificultades y necesidades de apoyo específicas.

A continuación, se indican cuatro pasos que puede dar para ayudar a los empleados a mejorar su rendimiento a través de la observación del trabajo de éstos:

1. **Notifique al empleado con antelación.** Hágale saber que le gustaría ayudarlo a mejorar su rendimiento a través de la observación del trabajo y explíquele en qué consistirá. Haga especial énfasis en que tiene la intención de utilizar esto como un apoyo para el empleado y que su objetivo es el éxito del empleado. Pregúntele al empleado si tiene alguna duda y responda con franqueza y compasión.

2. **Observe.** Durante su observación del trabajo, observe y haga preguntas, pero no dé su opinión. No es un momento de entrenamiento, es un momento de poner atención. Tome notas sobre lo que el empleado hace bien y lo que puede mejorar. Piense de antemano en lo que va a observar. ¿Va a observar las habilidades organizativas del empleado? ¿Está evaluando la capacidad del empleado para programar actividades y hacer un seguimiento? ¿Cuáles son las mejores prácticas de su sector? Como mínimo, haga una lista de lo que es esencial en la línea de trabajo del empleado, pero permita cierta flexibilidad. Nunca se sabe lo que se puede encontrar, ya que cada persona es única.

3. **Reflexione y prepare un informe.** Una vez finalizada la observación del empleado, reflexione sobre sus descubrimientos y escriba sus observaciones en un sencillo informe: ¿Qué hizo bien el empleado? ¿Qué podría hacer

el empleado de forma diferente? ¿Hay algún consejo, herramienta o formación que pueda proporcionar al empleado para facilitar su trabajo? Utilice un lenguaje neutro y positivo en el informe y destaque lo esencial. El objetivo de las observaciones del empleado es ayudarlo a mejorar, no criticarlo. Es importante no dañar su autoestima. Adicionalmente, el informe debe tener toda la información adecuada: fecha de la observación, nombre del empleado, notas, recomendaciones, su firma y fecha.

4. **Proporcione retroalimentación sobre el rendimiento.** Involucre al empleado en una conversación sobre el rendimiento. Puede leer más sobre esto en el Capítulo 6, "Las mejores prácticas en la retroalimentación", y en el Capítulo 7, "Las conversaciones que mejoran el rendimiento". Documente la conversación.

> **Consejo sobre la documentación:** Consulte el Apéndice K - Plantilla de notas de conversación. Archive una copia de sus notas de conversación en el expediente del empleado.

Observaciones estandarizadas para monitorear el rendimiento

Puede utilizar las observaciones formales para supervisar el rendimiento y las interacciones con los clientes. La clave es utilizar una herramienta de observación estandarizada que se centre en criterios predeterminados y objetivos y que emplee una rúbrica de calificación para evaluar el rendimiento y proporcionar opiniones. Puede utilizar las observaciones para varios tipos de trabajo; también puede observar la formación, las interacciones con los clientes, la introducción de datos, la conducción, el procesamiento de tareas, etc.

Llevar a cabo observaciones formales y estandarizadas de los empleados en el trabajo es esencial para los empleados cuyo trabajo implica interacciones con otras personas, como los recepcionistas, los trabajadores sociales, los encargados del mostrador, los formadores, los cajeros de banco y los agentes de atención telefónica. En el Capítulo 5, "La medición del servicio al cliente", proporciono más información sobre cómo utilizar las observaciones para ayudar a mejorar el servicio de atención al cliente.

Caminar por la planta de trabajo

Las observaciones también pueden ser informales y tan sencillas como caminar por la planta de trabajo, observar, escuchar y hacer preguntas.

Observe a los empleados, su trabajo, sus conversaciones, su atención, sus interacciones, sus frustraciones y sus logros. A través de estas observaciones informales, podrá hacerse una idea del ambiente del lugar de trabajo.

Si un miembro del equipo quiere hacerle una pregunta mientras usted se pasea, tómese el tiempo de escuchar y responder. Estas conversaciones lo pondrán en contacto con la realidad que vive su personal, lo ayudarán a conocer a los empleados y le permitirán conocer las necesidades de apoyo de su equipo.

Sin embargo, la información que se obtiene al caminar por la planta sólo es útil si se actúa en consecuencia. Si no reconoce las necesidades y peticiones de apoyo de los empleados o no hace un seguimiento de estas, disminuirá su confianza en usted, afectará a su credibilidad y disuadirá a los empleados de seguir acudiendo a usted en busca de ayuda.

Hablar con los empleados

Otra forma de evaluar informalmente la situación de los empleados es hablar con ellos con frecuencia. Pregúnteles cómo van las cosas: ¿Qué va bien en sus trabajos? ¿De qué están contentos? ¿Qué no va tan bien? ¿Cuáles son sus retos? ¿Qué ayuda necesitan? Se puede obtener mucha información a partir de conversaciones sencillas, algunas preguntas y mucha escucha.

Hablar con los empleados le ayuda a conocer mejor sus necesidades, prioridades, esperanzas, sueños, miedos y preocupaciones. Cuanto más conozca a las personas, más podrá apoyarlas, demostrar que se preocupa por ellas y generar confianza.

En resumen

El monitoreo es una poderosa herramienta para centrar a los empleados en lo que más importa. Para sacar el máximo provecho de sus actividades de evaluación manténgalas justas, objetivas y transparentes para todos los empleados; supervise tanto a nivel individual como de grupo; y de forma coherente. El monitoreo efectivo le ayudará a lograr resultados sólidos en cuanto al rendimiento.

Ponerlo en práctica

1. Haga una lista de los indicadores de rendimiento críticos para su equipo e identifique los informes esenciales disponibles para el monitoreo del rendimiento individual y del equipo.
2. Recorra la planta con regularidad para observar el rendimiento y hablar con los miembros del equipo.

3. Si tiene un empleado con problemas, revise los informes de rendimiento correspondientes y evalúe la necesidad de realizar observaciones.

CAPÍTULO 5

LA MEDICIÓN DEL SERVICIO AL CLIENTE

"Tiene que tratar a sus empleados como su cliente número uno". – Wendi Pomerance Brick

La excelencia en el servicio al cliente es como cualquier otro objetivo de rendimiento esencial. Hay que **monitorear** al nivel organizativo, de equipo e individual.

Para lograr la excelencia en el servicio al cliente, evalúe continuamente la forma en que su equipo ofrece los productos.

Obtener las opiniones de los clientes

El determinante número uno de la excelencia en el servicio al cliente es la experiencia del cliente. Los clientes pueden decirle si su experiencia fue excepcional o si fue deficiente. La encuesta de satisfacción del cliente es una forma de pedirles su opinión.

Encuestas de satisfacción del cliente

Puede utilizar las encuestas para pedirles sus opiniones a los clientes. Para mayor efectividad, las preguntas de la encuesta deben adaptarse para medir las expectativas de los clientes y de la organización y para alinearse con las normas de su sector.

A medida que desarrolle sus encuestas, redacte las preguntas de manera que pueda utilizarlas para elaborar informes de servicio al cliente. Piense en el tipo de datos que necesita y en la forma en que estos datos pueden mostrarse en los informes. Para ser eficaces, lo informes deben identificar las tendencias a lo largo del tiempo y proporcionar retroalimentación significativa a los empleados para mejorar los productos, procesos y servicios. Una vez que tenga el marco para sus informes, desarrolle las preguntas que los rellenarán.

Formatos de respuestas de la encuesta

Hay dos formatos de respuesta de encuesta comunes, la escala de Likert y el formato de lista de control.

La escala Likert. Hieberger y Robbins explicaron que las escalas de valoración se utilizan con frecuencia en las encuestas de satisfacción del cliente y que la más común es la escala de Likert.

La escala Likert capta los grados de satisfacción. Por ejemplo, se puede utilizar una escala de 5 puntos, o sea del 1 al 5, que permite a los encuestados calificar su experiencia en función de cinco niveles de satisfacción. En este ejemplo, los clientes podrían seleccionar una de las siguientes respuestas:

1 - Totalmente en desacuerdo
2 - En desacuerdo
3 - Sin opinión
4 - De acuerdo
5 - Totalmente de acuerdo[36]

Como esta escala Likert de 5 puntos utiliza un número impar de respuestas, permite a los clientes seleccionar una respuesta neutral.

Sin embargo, Hieberger y Robbins escribieron que también se pueden utilizar escalas de Likert con un número par de niveles (opciones), obligando al encuestado a hacer una elección direccional (no neutral).[37]

Por ejemplo, la siguiente escala de Likert de 4 puntos requeriría que los clientes indicaran si están satisfechos o no:

1 - Totalmente en desacuerdo
2 - En desacuerdo
3 - De acuerdo
4 - Totalmente de acuerdo

El formato de la lista de control. Lucian y col. explican el formato de la lista de control, en el que los clientes tendrían que elegir entre "sí" y "no". Aunque este formato de "sí" y "no" es mucho más sencillo, no es tan fiable como la escala de Likert de 5 puntos. Lucian y col. escribieron que estadísticamente, las escalas de dos opciones de respuesta tienen una fiabilidad menor que las escalas con cinco opciones (Lissitz y Green, 1975).[38]

Si es posible, utilice una escala de Likert de 5 puntos.

Sección de comentarios. Incluya una sección de comentarios de forma libre en la que los clientes puedan ampliar el razonamiento de sus valoraciones o compartir algo que no encaje en las preguntas de su encuesta. Haga que esta sección sea voluntaria. Si la hace obligatoria y los clientes no quieren completarla, lo más probable es que abandonen la encuesta.

Preguntas abiertas. También puede utilizar preguntas abiertas, en las que permite a los clientes introducir respuestas de forma libre en lugar de tener que seleccionar entre opciones predeterminadas.

Aunque las preguntas abiertas requieren más trabajo de cuantificación, permiten a los clientes expresar sus opiniones libremente. Por lo tanto, este tipo de preguntas pueden proporcionar una gran cantidad de información que le ayudará a mejorar sus productos, procesos, servicios y personal. También le facilitarán proporcionar retroalimentación significativa a los empleados.

Evalúe si las preguntas abiertas son factibles y adecuadas para su situación.

Consejos para elaborar las preguntas de la encuesta

Lucian y col. proporcionan los siguientes consejos para la redacción de las preguntas para evitar la confusión del cliente:

Brevedad. Mantenga las preguntas de la encuesta cortas. Las preguntas largas afectan a la legibilidad y la comprensión.

Claridad. Sea específico en sus preguntas. No utilice un lenguaje ambiguo. Los clientes necesitan saber con exactitud lo que se les pregunta en la encuesta para poder responder adecuadamente.

Un solo factor. Pregunte sólo sobre una dimensión del servicio a la vez. Evite preguntar sobre múltiples factores en una sola pregunta, ya que esto podría causar la frustración del cliente. El cliente puede querer responder de forma diferente a cada elemento, pero el formato de la pregunta no se lo permitiría.[39]

Si los encuestados aportan sugerencias de mejora en una pregunta sobre múltiples factores, usted podría tener dificultades con el análisis.

Los clientes no siempre responden a las encuestas

Independientemente de lo bien elaborado que esté el formato de la encuesta, muchos clientes no responderán.

Los índices de respuesta de las encuestas de satisfacción de clientes externos suelen ser bajos. Los expertos en satisfacción de los clientes dan informaciones contradictorias sobre los índices de respuesta, que oscilan entre el 10% y el 40%. Sin embargo, el 40% es optimista. Por lo general, el índice de respuesta se sitúa en el lado más bajo de la escala.

En cualquier caso, muchos clientes no aportan encuestas a menos que su experiencia sea tan positiva o negativa que se vean obligados a contar su historia. Una experiencia que simplemente cumpla las expectativas no suele ser suficiente para que los clientes se tomen el tiempo de dar su opinión. Además, algunos clientes insatisfechos no van a dar su opinión negativa. En su lugar, enviarán a su organización un fuerte mensaje al no volver.

Para las empresas privadas, esto puede traducirse en pérdida de ingresos y malas relaciones públicas. En el caso de las organizaciones gubernamentales y contratadas por el gobierno, cuyos clientes no tienen otras opciones de servicios, los clientes insatisfechos pueden encontrar otras vías para expresar sus frustraciones. Por ejemplo, pueden ponerse en contacto con los altos cargos, las organizaciones de defensa de los derechos humanos o sus funcionarios electos, o publicar en las redes sociales. Esto puede hacer que los organismos públicos entren en un modo reactivo mientras apagan los incendios que se producen. Para todo tipo de organizaciones, un mal servicio al cliente es una mala forma de hacer negocios.

Sea proactivo en su labor de atención al cliente. Concéntrese en aumentar la cantidad de opiniones de los clientes que recibe. Cuantos más datos recoja, más entenderá la experiencia de sus clientes. Tendrá suficiente información para determinar adecuadamente los patrones y las tendencias por oficina, unidad organizativa e individuo. Esta información le ayudará a desarrollar soluciones específicas para ofrecer un servicio de atención al cliente de primera clase.

Cuanto más fácil sea que los clientes den su opinión, más probabilidades tendrá de recibirla.

El Método SAM para obtener la opinión del cliente

Puede utilizar el Método SAM para facilitar a los clientes sus opiniones. SAM significa:

S – Sencillo
A – Accesible
M – Múltiples formatos y vías

S – Sencillo

Mantenga la sencillez de su proceso de opinión. No haga que sus encuestas sean demasiado largas, complicadas o engorrosas de completar, o los clientes abandonarán la encuesta.

A – Accesible

Haga que sus métodos y vías de respuesta sean accesibles. No obligue a sus clientes a hacer clic en varias páginas de su sitio web para encontrar la forma de dar su opinión. En lugar de ello, coloque las oportunidades de enviar encuestas en lugares destacados. Los métodos y vías de respuesta son inútiles si los clientes no pueden localizarlos.

M – Múltiples formatos y vías

Las personas son individuales. Una sola solución no es válida para todos. Algunos clientes prefieren enviar sus opiniones por Internet. Otros prefieren enviar sus opiniones por teléfono o en papel.

Ofrezca una variedad de formatos y vías para que los clientes expresen sus opiniones sobre sus productos, procesos, servicios y personal.

Chat, correo electrónico y número de teléfono.

Una de las formas más sencillas de obtener las opiniones de los clientes es disponer de un portal en línea, una línea de chat, una dirección de correo electrónico y un número de teléfono específico. Contar con varias vías abiertas permite a los clientes dar su opinión en sus propios términos, sin las limitaciones de las preguntas formuladas de antemano.

Algunos clientes no quieren ser molestados con cuestionarios y prefieren una vía de expresión libre. Hay que ofrecérsela. Este tipo de espacio es especialmente importante cuando un cliente está descontento, frustrado o enfadado. Cuando las emociones están a flor de piel, los clientes no quieren pasar por una serie de preguntas antes de poder desahogarse sobre su experiencia.

Los clientes expresarán sus preocupaciones independientemente de que usted les ofrezca o no la oportunidad de hacerlo.

Puede proporcionarles un espacio para que se desahoguen directamente con usted o esperar a que denuncien a su organización a través de las redes sociales, los organismos de control de los consumidores, sus amigos, su familia o sus funcionarios electos. En cualquier caso, la reputación de su organización está en juego.

Alex aumenta las opiniones de los clientes

Había pasado un mes desde el lanzamiento del nuevo programa de satisfacción del cliente. Sam, el coordinador de calidad del Programa de Empleo Juvenil, entró en su despacho con un informe en la mano.

"Aquí está, Alex. Nuestro primer *Informe mensual de satisfacción del cliente*", dijo Sam mientras le entregaba a Alex el informe. "Siento haber tardado tanto en hacértelo llegar, pero quería volver a comprobar los datos. Las cifras parecían bajas. Creía que no habíamos recopilado todas las encuestas. Pero volví a comprobarlo y tenías razón. No estamos recibiendo muchas encuestas".

"De acuerdo entonces", dijo Alex, "hablemos de cómo podemos aumentar la cantidad de opiniones de los clientes que estamos recibiendo".

Sam recomendó algunos ajustes en el programa de satisfacción del cliente para hacerlo sencillo, accesible y disponible a través de múltiples formatos y vías. A Alex le gustaron y adoptó muchas de las sugerencias.

Para concienciar a los jóvenes del programa, Sam dio a conocer estos métodos y vías de retroalimentación. Colocó la información en cada página del sitio web del Programa de Empleo Juvenil y en la correspondencia con los clientes, folletos, volantes, carteles y otros documentos. Añadió un enlace a esta información debajo de las líneas de firma del correo electrónico de todos los empleados del Programa de Empleo Juvenil. Él también instó al personal del programa a que compartiera verbalmente la información sobre cómo enviar comentarios en las distintas etapas de la participación de los jóvenes en el programa.

Colocó carteles informativos en las zonas más transitadas de las tres sedes del programa. Colocó encuestas en los puntos clave de contacto con los clientes, incluidas las áreas de recepción, los puestos de entrevistas, las aulas, los mostradores de servicio y los puestos de información.

Recopilación de datos sobre la satisfacción de los clientes. Con la aprobación de Alex, Sam también reforzó el proceso de recopilación de información sobre la satisfacción de los clientes utilizando el software que Alex había comprado cuando puso en marcha el programa por primera vez.

Con el proceso revisado, los jóvenes podían completar sus encuestas en línea utilizando el software de encuestas o por teléfono utilizando la tecnología táctil. Alex también instaló computadoras especiales en todos los vestíbulos del programa para que los jóvenes pudieran presentar encuestas electrónicas.

La encuesta de satisfacción del cliente. Cuando Alex puso en marcha el programa de satisfacción del cliente, Sam elaboró una encuesta centrada en cuatro áreas de servicio: profesionalidad, rapidez, capacidad de respuesta y asistencia.

Como el cuestionario era bastante sencillo, Alex y Sam acordaron seguir utilizándolo sin ninguna revisión.

El proceso de quejas. Antes de que Alex aplicara los ajustes al programa de satisfacción del cliente, el Programa de Empleo Juvenil tenía un proceso de quejas poco riguroso. Los clientes informalmente se quejaban a alguien del programa y la información se entregaba al supervisor correspondiente. Alex no se involucraba a menos que la queja se intensificara. Ella cambió esto.

Las revisiones que Alex y Sam llevaron a cabo fomentaron la transparencia. Ahora cuando se recibían quejas de los clientes, el software avisaba automáticamente al supervisor del empleado. Sam recuperaría los datos y proporcionaría informes mensuales de satisfacción del cliente a Alex, Sam y a todo el equipo de liderazgo por programa, unidad y empleado individual. El software también permitía a Alex y al equipo obtener informes en tiempo real con la frecuencia necesaria.

Expectativas del supervisor y del empleado. Dependiendo de la naturaleza de la queja, Alex esperaba que sus supervisores se pusieran en contacto con el cliente en el plazo de un día laborable para empezar a trabajar en la resolución, a menos que el cliente prefiriera no comunicarse en ese tiempo. En cualquier caso, Alex se aseguraba de que sus supervisores supieran que debían abordar los problemas con el empleado en cuestión para reforzar las expectativas y enseñar la excelencia del servicio al cliente.

Desarrolló expectativas de servicio al cliente por escrito para asegurarse de que los supervisores y los empleados entendían sus funciones y responsabilidades.

Como parte de estas expectativas escritas, Alex introdujo otro objetivo de servicio al cliente.

Objetivo 4 - Satisfacción del cliente. "Mensual y anualmente, lograr una calificación promedio de 4 o más en todas las áreas de satisfacción del cliente medidas".

Este último objetivo proporcionó un enfoque proactivo. El Programa de Empleo Juvenil buscaba ahora activamente la opinión de sus clientes, los jóvenes que dependían de sus servicios.

Gracias a estos esfuerzos por simplificar el proceso de información y concienciar a los jóvenes sobre el mismo, la información empezó a llegar.

> **Consejo sobre la documentación:** Véase el Apéndice E - Encuesta de satisfacción del cliente. Archive copias de las encuestas de los clientes en el expediente del empleado.

Programas de compras misteriosas

Las compras misteriosas son otro método eficaz para medir la satisfacción del cliente.

Wendi Pomerance Brick tiene una amplia experiencia en el diseño y la realización de programas de compras misteriosas. Wendi es presidente y directora general de Customer Service Advantage, Inc. y autora de *The Science of Service: Six Essential Elements for Creating a Culture of Service in the Public Sector*. Como experta en servicio al cliente con más de veinticinco años de experiencia en este campo, entrevisté a Wendi para conocer su punto de vista sobre el uso del *mystery shopping* (las compras misteriosas) como herramienta de monitoreo del servicio al cliente.[40]

¿Qué son las compras misteriosas?

Wendi destacó que "las compras misteriosas son una herramienta para ayudar a las organizaciones a cumplir con las métricas de rendimiento que ya han establecido". Explicó que hay dos tipos básicos de programas de compras misteriosas. Uno consiste en evaluar el proceso.

El comprador misterioso finge ser un cliente real, pasa por todo el proceso y evalúa la experiencia. Wendi explicó que este tipo de compras misteriosas es difícil de llevar a cabo, requiere una cantidad significativa de tiempo y recursos y, por lo general, dará lugar a un tamaño de muestra tan pequeño que no produce resultados suficientes para justificar un buen retorno de la inversión. Por estas razones, no recomienda este proceso en la mayoría de los casos ni confiar en este enfoque como única medida para recopilar datos de rendimiento.[41]

Por lo tanto, nuestra entrevista se centró en el segundo tipo de compras misteriosas, que se enfoca en tres tipos de contactos iniciales: correos electrónicos, llamadas telefónicas y en persona. En este tipo de compras misteriosas, el comprador finge ser un cliente, pero sólo evalúa el contacto inicial con un empleado. Las organizaciones pueden medir las primeras impresiones y reunir un conjunto de datos mucho más amplio a partir del cual desarrollar programas de mejora continua.[42]

Cuatro elementos esenciales de las compras misteriosas

Wendi explicó que hay cuatro elementos vitales necesarios para el éxito de la compra misteriosa de contactos.

Elemento 1 - No debe ser un misterio. El elemento más esencial de un programa de compras misteriosas es que "no debería ser un misterio". Wendi destacó: "Todos deberían saber que esto va a ocurrir. Se lo digo a todo el mundo. Escribo correos electrónicos. Lo digo en las reuniones de personal. 'Vamos a ser objeto de un programa de compras misteriosas. Así es como se consiguen cincos (en las evaluaciones). Esto es lo que buscamos'. Quiero que todos saquen cinco. No busco que la gente fracase. Trato de enfatizar ciertos comportamientos en el lugar de trabajo. Es una herramienta de formación... El hecho de que esté haciendo el programa nunca debería ser una sorpresa, ya que entonces se siente como un control excesivo, como si estuviese mirando por encima de los hombros de la gente.[43]

Ser objeto de una compra misteriosa es muy incómodo. El personal puede pensar que usted está asumiendo que están haciendo algo mal. Eso crearía una mentalidad negativa, no una mentalidad de aprendizaje y servicio. Si realmente desea un buen servicio al cliente, tiene que tratar a sus empleados como su cliente número uno y valorarlos y respetarlos y hacer todo lo posible para ayudarles a tener éxito. Nunca hay que crear un ambiente de trabajo negativo".[44]

Elemento 2 - Seguimiento. Wendi dijo: "Parte del éxito de un programa de compras es el seguimiento. En cualquier programa de medición del rendimiento—cualquier medición, monitoreo, cualquier encuesta, cualquier cosa—no tiene literalmente ningún sentido hacerlo si no se hace un seguimiento. Lo hace por una razón: para aprender algo. Es necesario implementar cambios después de hacer el programa, especialmente si lo va a volver a hacer. Digamos que hago compras misteriosas una vez al año. Antes de volver a hacerlo, será mejor que aplique los cambios y ayude a la gente a conseguir cincos, si es que no lo han hecho ya. Si no, ¿de qué sirve?"[45]

Elemento 3 - Tendencias a lo largo del tiempo. Wendi dijo: "Otro beneficio valioso de los programas de medición es la tendencia en el tiempo. Hay que hacerlo tres, cuatro o cinco veces para ver si la tendencia va en la dirección correcta. No sólo una vez. Una vez es sólo una línea de base."[46]

Elemento 4 - Neutralidad y objetividad. Wendi enfatizó: "También hay que asegurarse de que la persona que hace la compra misteriosa sea neutral y objetiva". Explicó que llevar a cabo un programa interno de compras misteriosas neutral es más factible para las organizaciones más grandes.[47]

Aportando un ejemplo de un programa que implementó para una organización grande, dijo: "Había 10.000 empleados. Y había un grupo centralizado que no formaba parte de ninguno de los otros grupos y era completamente neutral. Se le asignó la tarea de (realizar compras misteriosas) de forma objetiva. Durante la formación de los compradores misteriosos, hay que hacer énfasis en esta objetividad". Para las empresas y organizaciones que no puedan encontrar la ayuda de alguien neutral para llevar a cabo las compras misteriosas, sugirió contratar a una empresa externa.[48]

Subcontratación para las compras misteriosas

Wendi hizo énfasis en que la decisión de subcontratar o no las compras misteriosas depende de la situación. Dijo: "Realmente depende de la organización, el tamaño, las características, la estructura, si tienen neutralidad o si no la tienen".[49]

Wendi señaló que, si una organización no tiene presupuesto para externalizar las compras misteriosas, podría desarrollar e implementar su propio programa. Sin embargo, advirtió que el presupuesto no debe ser la única consideración, ya que se necesita tiempo, una cantidad significativa de planificación, una comprensión de la técnica de encuesta, ejecución y recursos para tener un programa eficaz. Dijo que "es un programa que requiere mucho trabajo si se va a hacer internamente. Así que, si se pide al personal que lo haga como tarea adicional y se le quita tiempo de sus funciones principales, ¿se está realmente ahorrando dinero o causará retrasos en otras áreas?". Sugirió que, si las organizaciones tienen poco personal o no tienen la experiencia necesaria, puede valer la pena invertir en la subcontratación.[50]

Para más información sobre Wendi y Customer Service Advantage, Inc., visite https://www.linkedin.com/in/wendibrick/.

Análisis de los datos

A medida que los mecanismos para obtener la opinión de los clientes sean sencillos y accesibles utilizando múltiples formatos y vías, sus clientes empezarán a responder. Necesitará un sistema para analizar los datos que reciba.

Para las encuestas automatizadas, puede utilizar un software que le permita personalizar las preguntas, recopilar las respuestas de los clientes y crear informes. Muchos de los productos disponibles en el mercado tienen informes incorporados que se pueden implementar rápidamente. Realice una búsqueda en Internet con las palabras clave "software para encuestas" y descubrirá una gran variedad de opciones disponibles a distintos precios.

La conferencia individual de Vic con Alex

Fue la primera semana de junio, y Vic estaba ansioso por reunirse con Alex para su conferencia mensual. Estaba listo para impresionarla con los excelentes resultados de su equipo en mayo. Por tercer mes consecutivo superó a todas las unidades del programa en cuanto a los objetivos de la colocación laboral y la conservación del empleo.

Vic entró en el despacho de Alex con sus informes de rendimiento en la mano. Ella ya lo estaba esperando, sentada en la pequeña mesa frente a su escritorio, con una carpeta y un cuaderno y un bolígrafo en la mano.

"Buenos días, Vic", lo saludó Alex pidiéndole que tomara asiento.

Vic se sentó y repasó con Alex los informes de rendimiento de su equipo, mientras ella escuchaba y tomaba notas.

"Es muy impresionante, Vic", afirmó Alex. "Aprecio tu constancia a la hora de centrar a tu equipo tanto en la colocación como en la conservación del empleo. Esto marca una gran diferencia para los jóvenes y, en muchos casos, también para sus familias. Y todo lo que hacemos tiene que ver con su éxito, lo que me lleva al servicio al cliente".

Alex abrió su carpeta y sacó un pequeño paquete de papeles grapados. "¿Has podido ver nuestros nuevos informes de satisfacción del cliente?" Alex le entregó a Vic copias de los informes.

"Eh... no. Todavía no", respondió Vic. "He estado muy ocupado sacando datos de rendimiento para mi equipo".

Alex continuó. "Sam sacó los informes de satisfacción del cliente por mí esta mañana. Los enviará por correo electrónico a todo el equipo directivo una vez al mes. Sin embargo, los datos están disponibles para que puedas acceder a ellos cuando lo solicites. Tómate unos minutos para revisar los informes. Me gustaría que los discutiéramos".

Vic miró los informes. Prestó especial atención al informe de satisfacción de los clientes de su unidad. En general, las cifras parecían buenas.

Alex le preguntó a Vic: "¿Qué te parece el informe de tu unidad?".

Vic lo miró con más atención. "En general, mi equipo está haciendo un buen trabajo de atención al cliente. Cumplimos los objetivos en todas las áreas medidas y lo hicimos especialmente bien en rapidez y asistencia."

"Sí, estoy de acuerdo", dijo Alex. "Tu equipo lo está haciendo muy bien en general. ¿Qué opinas del rendimiento de cada miembro del equipo?"

"Bien", dijo Vic. "La mayoría está en buena forma, lo está haciendo bien, pero parece que Mary no está cumpliendo en cuanto a capacidad de respuesta y le está costando bastante la profesionalidad."

"¿Y qué opinas de eso?" preguntó Alex.

"Tiene que mejorar, por supuesto", le respondió Vic.

"¿Y qué puedes hacer para ayudarla a mejorar?"

"Tal vez ella puede tomar algún tipo de entrenamiento", sugirió Vic. "¿Es eso posible?"

"Sí, es posible", afirmó Alex. "Pero hay mucho más para ayudarla a mejorar su servicio al cliente que enviarla a un entrenamiento. No es la primera vez que tiene problemas con el servicio al cliente. ¿Recuerdas la chica que escribió la carta quejándose de Mary el mes pasado? Y la misma chica ya se había quejado dos veces de la mala educación de Mary antes de enviar la carta".

"Sí, lo recuerdo", reconoció Vic.

Alex aclaró. "Esto es ahora un patrón. Y me preocupa que Mary haya recibido encuestas negativas de satisfacción del cliente a pesar de la conversación que tuviste con ella el mes pasado sobre la carta."

"Sobre eso", intervino Vic.

"¿Sí?" preguntó Alex.

"En realidad no tuve la oportunidad de hablar con ella sobre la carta", dijo Vic.

"¿Qué?" preguntó Alex con incredulidad.

"Sí... yo... iba a hacerlo... pero..."

"Vic, esto no es bueno", interrumpió Alex. "Al no darle a Mary una retroalimentación inmediata sobre la queja de la carta, como tú y yo habíamos acordado que lo harías, no le diste la oportunidad de corregir su servicio al cliente. Ahora ha recibido más quejas. Esto es realmente injusto para ella".

Vic sintió que la intensidad aumentaba en el despacho de Alex. Se agarró el cuello de la camisa, tratando de refrescarse, pero fue en vano.

"Lo siento, Alex. Es que estoy muy ocupado".

"Vic, sé que estás ocupado. Y trabajas duro para asegurarte de que tu equipo rinda lo más posible en cuanto la colocación y la conservación de puestos de trabajo. Pero el servicio al cliente también es importante. Lo que hace que esto sea aún más preocupante es que el nuevo software de atención al cliente te generó alertas en cuanto se registraron las quejas. ¿Por qué no actuaste en consecuencia?".

Vic respondió: "No sabía qué hacer con ellas".

"Podrías haberme preguntado y yo podría haberte guiado", recalcó Alex. "Cuando tú y yo hablamos de la queja de Mary, te expliqué claramente que se esperaba que me informaras cuando recibieras quejas, y eso no ocurrió".

Vic y Alex se quedaron callados por un momento.

El rostro de Alex estaba ahora serio. Su voz era más baja y lenta que de costumbre. Tenía toda la compostura, pero Vic sabía que estaba descontenta.

Alex rompió el silencio. "Una parte importante de tu trabajo es asegurarte de que tu personal cumpla con todos los indicadores de rendimiento, incluidos los relacionados con el servicio al cliente. Como supervisor, tienes que ser sincero con Mary y hacerle saber que tiene que mejorar. Ahora, no sólo tendrás que hablar con Mary sobre sus bajas calificaciones en su Informe de Satisfacción del Cliente, sino que también tendrás que proporcionarle información sobre la queja que recibí hace un mes."

Vic se frotaba la nuca.

Al ver que Vic estaba incómodo, Alex se suavizó y lo orientó sobre los pasos a seguir.

El informe de satisfacción de los empleados de Mary tenía puntuaciones bajas en cuanto a profesionalidad y capacidad de respuesta. Sin embargo, las encuestas no proporcionaban suficiente información para que Vic pudiera ofrecer a Mary retroalimentación específica.

Así que Alex pidió a Vic que realizara observaciones de las interacciones de Mary con los clientes. Alex le dio a Vic copias de la Herramienta de Observación de Interacción con el Cliente y del Informe de Resumen de Observación que Sam había elaborado.

Vic aceptó observar tres entrevistas y documentar los resultados utilizando las herramientas.

Alex concertó una reunión de seguimiento con Vic para revisar sus observaciones y discutir el enfoque que adoptaría para proporcionar retroalimentación a Mary. Esta vez Alex trabajaría con Vic de principio a fin hasta que hubiera documentado todo el proceso.

Vic salió a toda velocidad del despacho de Alex. Aquello no había ido nada bien. Alex estaba definitivamente descontenta con todo este asunto del servicio al cliente. Ahora estaba sobre él, y Vic tenía que perder más tiempo observando las interacciones de Mary y hablando con ella sobre las quejas. Todo este lío podría poner en peligro su ascenso. ¡Uf! Todo había ido bien antes de que llegara Alex.

> **Consejo sobre la documentación:** Véase el Apéndice F - Informe de satisfacción del cliente de la unidad; el Apéndice G - Informe de satisfacción del cliente del empleado; el Apéndice H - Herramienta para la observación de la interacción con el cliente; y el Apéndice I - Informe de resumen de la observación. Tenga copias al alcance de las herramientas de observación, informe y retroalimentación.

Las encuestas no siempre proporcionan detalles

Las encuestas de satisfacción de los clientes son un método eficaz para evaluar el rendimiento individual de los empleados. Sin embargo, por sí solas no siempre son suficientes para realizar una evaluación completa y precisa.

Los clientes no siempre dan su opinión, incluso cuando se les pide. A veces no recibirá encuestas sobre todos los miembros de su equipo. Cuando los clientes proporcionan sus opiniones sobre empleados específicos pueden contener o no detalles suficientes para evaluar su rendimiento y entrenarlos, si es necesario. Debido a estas limitaciones, las encuestas de satisfacción no deberían ser su único método de supervisión y evaluación del servicio al cliente.

Vic observa las interacciones de Mary

Vic observó tres entrevistas de Mary, registró sus hallazgos en una herramienta de observación y resumió los resultados en un informe. Descubrió que Mary era eficiente a la hora de recopilar información durante sus interacciones; completaba sus entrevistas rápidamente y procesaba un gran volumen de trabajo. Sin embargo, como apuraba a sus clientes, su enfoque interpersonal se veía afectado.

> **Consejo sobre la documentación:** El uso de herramientas estandarizadas para llevar a cabo las observaciones y proporcionar retroalimentación le ayuda a ser coherente, objetivo y justo. Guarde en el expediente del empleado copias de los instrumentos de observación y los resúmenes que haya completado.

Seguimiento con los clientes

Si pide a sus clientes que le den su opinión y ellos se toman el tiempo de proporcionarla, haga un seguimiento.

Añada una pregunta a la encuesta de satisfacción de los clientes en la que se les pregunte si desean que se ponga en contacto con ellos. Al darles la opción, se respeta su tiempo y sus deseos y se les hace saber que se valora su opinión. Si solicitan una respuesta, comuníquese con ellos. Gestione las expectativas de los clientes especificando su tiempo de respuesta. Asegúrese de cumplir esta promesa. Sin embargo, no tarde más de un día laborable en responder. Los clientes no suelen ser pacientes, especialmente si necesitan que se les resuelva un problema.

Compartir las opiniones de los clientes

La opinión de los clientes es un valioso instrumento para la gestión del rendimiento y el desarrollo del personal. La información proporcionada por los clientes es vital para ayudarlo a lograr la excelencia en el servicio al cliente. Compártala con los empleados de forma rápida, honesta y con un espíritu de responsabilidad solidaria.

En resumen

El servicio de atención al cliente, como cualquier otro indicador principal de rendimiento, debe medirse y evaluarse periódicamente. Hay muchas formas de monitorear el servicio al cliente. La más importante es preguntar directamente a los clientes sobre su experiencia al recibir productos y servicios de su organización.

El problema es que no es fácil obtener esta información, ya que los clientes no suelen dar su opinión a menos que su experiencia sea notable, ya sea negativa o positiva. Sin una cantidad suficiente de encuestas de los clientes, no podrá evaluar adecuadamente los niveles de satisfacción de los clientes a nivel organizativo, de equipo e individual.

Para fomentar un mayor número de opiniones, utilice el Método SAM, haciendo que las opiniones de los clientes sean sencillas y accesibles, y utilizando múltiples formatos y vías. Además, realice observaciones directas de las interacciones de los empleados con los clientes, tanto en persona como por teléfono, o aplique un programa del tipo "comprador misterioso". Así obtendrá una mezcla de información más amplia y profunda que puede ayudarlo a concentrar sus recursos donde más se necesitan.

Ponerlo en práctica

1. Elabore una encuesta sencilla de satisfacción del cliente utilizando un formato de respuesta de escala Likert de 5 puntos. Haga la encuesta breve y clara, y utilice preguntas de un solo factor.
2. Desarrolle herramientas de observación de la interacción con el cliente y de retroalimentación.
3. Si tiene un empleado que tiene problemas con la atención al cliente:
   - Analice las tendencias de las opiniones positivas y negativas de los clientes sobre el empleado,
   - Determine si necesita llevar a cabo observaciones de la interacción con el cliente y consulte con su jefe o con un experto en recursos humanos,
   - Ofrezca al empleado retroalimentación específica, y
   - Documente sus acciones.

CAPÍTULO 6

LAS MEJORES PRÁCTICAS EN LA RETROALIMENTACIÓN

La comunicación colaborativa promueve conversaciones de retroalimentación exitosas.

L a **retroalimentación** no es un lujo. Permite a los empleados saber si están cumpliendo las expectativas o no. También le ayuda a determinar las necesidades de apoyo, ofrecer reconocimiento y responsabilizar a los empleados.

LIDERAZGO DE LA
RESPONSABILIDAD SOLIDARIA™

Desgraciadamente, a pesar de que la retroalimentación es vital para promover un buen rendimiento, no todos los supervisores lo hacen bien.

En las últimas dos décadas, he visto a gerentes y supervisores no dar prioridad a este importante elemento de la gestión del rendimiento. Algunos aplicaban la retroalimentación de manera inconsistente. Algunos no proporcionaban ningún tipo de retroinformación. Otros se limitaban a enviar a los empleados una serie de correos electrónicos señalando lo que estaban haciendo mal; no reconocían que una retroalimentación eficaz implica una conversación bidireccional. El objetivo no es señalar los problemas de rendimiento, sino comprender la perspectiva, los obstáculos y las necesidades del empleado para ofrecerle el apoyo necesario para el éxito. Para ello se requiere dialogar, y mucho.

En otros casos, los líderes limitaban su orientación a la evaluación anual del desempeño laboral. Cuando se provee la retroalimentación únicamente durante la evaluación anual, ya es demasiado tarde para dar al empleado la oportunidad de mejorar. Para influir positivamente en el rendimiento laboral, no basta con limitar la retroinformación a este evento formal.

Retroalimentación positiva y continua

Continuamente ofrezca a los empleados retroalimentación positiva en forma de agradecimiento, elogios y reconocimiento cuando lo hagan bien en sus tareas habituales, no sólo cuando superen las expectativas. La retroalimentación continua y positiva permite a los empleados saber que usted está contento con su trabajo y los motiva a seguir por el mismo camino.

Los empleados que no reciben retroalimentación positiva con frecuencia pueden reaccionar de formas diferentes. Los que se sienten seguros y son proactivos pueden preguntarle directamente cómo les va. Desgraciadamente, los que no se tienen el mismo sentido de seguridad o son menos asertivos no pedirán retroalimentación.[51] Sin la retroinformación, los miembros de equipo pueden empezar a sentirse poco apreciados, dudar de su capacidad o perder la confianza en sí mismos. Es posible que se sientan insatisfechos, que experimenten un descenso en su rendimiento e incluso que abandonen su organización para trabajar donde se serán apreciados.

Para mantener a los empleados motivados y comprometidos con su trabajo, continuamente proporciónenles retroalimentación positiva.

Intervención temprana

La intervención temprana es el hecho de proporcionar retroalimentación constructiva, oportuna y proactiva.

He visto a gerentes y supervisores hacer un buen monitoreo y documentar los problemas, pero no proporcionar retroalimentación. Revisan los datos de rendimiento y realizan observaciones informales. Algunos toman notas mentales sobre sus preocupaciones y otros archivan diligentemente la información. El problema es que no comparten la información con el empleado. Algunos posponen la resolución de los problemas hasta la siguiente conferencia individual recurrente. Otros no abordan los problemas. Desgraciadamente, al retrasar la retroalimentación, estos líderes no dan a los empleados la oportunidad de mejorar. Y lo que es peor, a medida que los problemas se agravan, algunos líderes se frustran y descargan todas sus preocupaciones sobre el empleado durante una sola sesión. A veces no revelan sus preocupaciones hasta la evaluación formal del desempeño laboral, para sorpresa del empleado.

Estos enfoques no sólo son injustos y desmoralizadores, sino que pueden desencadenar una reacción adversa del empleado y destruir su confianza.

Como supervisor, intervenga pronto. Tan pronto como los empleados se equivoquen de dirección, proporcione retroalimentación. Cuanto antes intervenga, más fácil será la adaptación. Esperar demasiado puede hacer que los empleados adquieran hábitos indeseables que pueden ser difíciles de romper. Si se retrasa, el pequeño asunto de hoy puede convertirse en el gran problema de mañana, que requerirá mucho más tiempo y energía para resolverlo. Además, ignorar las dificultades de rendimiento y permitir que se agraven no es ni justo ni solidario.

Enfoque positivo

Utilice un enfoque positivo que sea comprensivo, significativo y constructivo. La retroalimentación no es una oportunidad para criticar a los empleados por todo lo que han hecho mal. No se trata de ignorar los defectos de rendimiento, sino de ayudar a los empleados a aprovechar sus puntos fuertes para mejorar su rendimiento. Cuando busca intencionadamente el talento, las habilidades y la pasión de las personas, las prepara para el éxito. Los individuos exitosos forman equipos exitosos, y los equipos exitosos forman organizaciones exitosas.

El uso de un enfoque positivo para proporcionar retroalimentación constructiva refuerza el rendimiento y genera confianza. Los empleados se darán cuenta rápidamente de que usted les guarda las espaldas. Si se centra en lo que los empleados están haciendo mal, se pondrán a la defensiva, lo que dificultará la receptividad a la retroalimentación. Esto disminuye su capacidad para proporcionar apoyo e inspirar confianza.

Un enfoque positivo, incluso en las conversaciones difíciles sobre el desempeño, produce mejores resultados.

Retroalimentación balanceada

Proporcione retroalimentación balanceada. Discuta lo que el empleado está haciendo bien y lo que necesita mejorar.

Algunos directores y supervisores tienen problemas con la retroalimentación correctiva. Les resulta fácil compartir información divertida y alegre. Sin embargo, les da miedo entablar una conversación para mejorar el rendimiento. Esto puede deberse a una serie de razones, como la incomodidad ante el conflicto, el miedo a las reacciones negativas de los empleados, la falta de habilidad o de confianza en sí mismos y el sentirse abrumados. Sea cual sea la razón, no proporcionan a los empleados la información necesaria para mejorar su rendimiento. Esto puede conducir a un apoyo sin responsabilidad, en el que los líderes se preocupan demasiado por caer bien y tienen dificultades para responsabilizarse a sí mismos y a sus empleados.

Por desgracia, lo contrario también es cierto. Algunos gerentes y supervisores disfrutan de la perspectiva de "atrapar" a un empleado durante la conversación. Este enfoque es una responsabilidad sin apoyo, en la que los líderes operan con un alto grado de responsabilidad, pero no proporcionan a los empleados el apoyo que necesitan para tener éxito.

Las razones para este tipo de retroalimentación pueden variar, desde una voluntad hostil de afirmar su poder hasta la falta de conocimientos y habilidades necesarias para proporcionar una responsabilidad balanceada, saludable y con un espíritu de apoyo. También puede haber otras causas subyacentes. Sea cual sea la razón, este enfoque no es saludable y perjudica la relación entre el supervisor y el empleado.

Una retroalimentación eficaz fomenta el autoconocimiento, la confianza en sí mismo y la competencia del empleado. La retroinformación dura no puede lograr esto. Para que la retroalimentación sea más efectiva, proporciónela con el enfoque equilibrado de la responsabilidad solidaria. Evalúe cada situación caso por caso y determine los niveles de apoyo y responsabilidad que el empleado necesita para tener éxito.

La comunicación colaborativa

La comunicación colaborativa involucra a los empleados a nivel individual y de grupo en la toma de decisiones y la búsqueda de soluciones a los problemas. Por muy experimentado, inteligente y eficiente que sean los lideres, no tienen todas las respuestas. Al implicar al equipo en la resolución de problemas, se le transmite el mensaje de que tiene algo valioso que ofrecer y que su aportación es importante. También fomenta un entorno de diálogo abierto y aprendizaje mutuo que aumenta el compromiso de los empleados.

Una opinión eficaz sobre el rendimiento implica una comunicación bidireccional. Este tipo de comunicación permite a los empleados comunicar sus expectativas, sentimientos, logros, necesidades y preocupaciones. También les proporciona un espacio para compartir abiertamente y con seguridad, lo que fortalece la relación entre el supervisor y el empleado, que es fundamental a la responsabilidad solidaria.

Esto crea lo que yo llamo el Ciclo de la comunicación colaborativa. En este ciclo, una relación sólida entre el supervisor y el empleado conduce a la comunicación colaborativa; la comunicación colaborativa promueve conversaciones de retroalimentación exitosas; las conversaciones de retroalimentación exitosas fortalecen la relación entre el supervisor y el empleado; y el ciclo continúa.

CICLO DE LA COMUNICACIÓN COLABORATIVA

Dado que la retroalimentación colaborativa implica una comunicación bidireccional, sea proactivo y pregunte a los empleados qué necesitan de usted para lograr el éxito. Esta pregunta descarta las suposiciones y ofrece a los empleados la oportunidad de expresar cualquier necesidad. Esta pregunta indica a los empleados que se les valora y que usted se preocupa por ellos. Lo ayuda a comprender lo que los empleados necesitan para desempeñarse con excelencia.

Personalización

Algunos directores y supervisores creen que los empleados deben dejar su vida personal en casa. Por desgracia, esto no funciona. Somos seres integrales, y nuestras vidas profesionales y personales están interconectadas. Podemos engañarnos pensando que podemos dejar nuestros problemas personales en casa, pero los llevamos con nosotros, aunque sea de forma subconsciente.

Por eso, las conversaciones colaborativas pueden llegar a ser personales. Se trabaja con personas y no con máquinas; y, por lo tanto, las conversaciones sobre la opinión deben abordar las necesidades de la persona en su totalidad en cuanto a lo físico, emocional, social y psicológico. Al hablar de los aspectos técnicos del rendimiento, también conocerá las necesidades personales y profesionales de los empleados, sus prioridades, esperanzas, sueños, miedos y preocupaciones.

A lo largo de los años, he escuchado muchas historias desgarradoras de mis empleados directos e indirectos sobre sus luchas con la salud mental, la salud física, las finanzas, las adicciones, la falta de hogar y otros problemas. Se sentían lo suficientemente seguros como para confiarme esta información. A veces, sólo querían que los escuchara, no que arreglara sus problemas. Otras veces, pedían ayuda y buscaban esperanza. En cualquier caso, sabía que mi responsabilidad era proporcionarles apoyo y recursos. A veces, esto requería que admitiera que esas necesidades estaban más allá de mi nivel de experiencia y que recurriera a mi jefe más cercano o a recursos humanos. Como líder, los empleados necesitan lo mismo de usted.

Esté abierto a escuchar los problemas personales de sus empleados si deciden compartirlos con usted. Hay una delgada línea entre escuchar y curiosear, así que tenga cuidado de no cruzarla.

Si los empleados ofrecen voluntariamente información personal, su papel es escuchar y ofrecer apoyo. Usted no es su consejero, su médico, su trabajador social, su psicólogo o su líder espiritual. Sin embargo, es responsable de conocer los recursos que su organización patrocina o respalda para ayudar a los empleados en sus momentos de necesidad. Mantenga a su gerente y a recursos humanos informados de cualquier necesidad de apoyo seria, como las relacionadas con las adicciones, la salud mental, la salud física, la falta de vivienda y similares. Ellos pueden informarle sobre los recursos disponibles y el protocolo de su organización para abordar las situaciones delicadas.

Centrarse en las expectativas y los resultados

Centre sus conversaciones sobre el rendimiento del empleado basándose en los objetivos y expectativas establecidos y con la intención de enseñar y desarrollar. Hable de las expectativas de rendimiento del empleado y de los avances en su consecución. Comparta sus ideas sobre lo que ha medido, observado y evaluado durante sus actividades de monitoreo.

Haga énfasis en el crecimiento que el empleado ya ha logrado. Si hay una nueva posibilidad de crecimiento y mejora, pídale al empleado que le diga cómo va a conseguirlo. Vuestro papel es facilitar la reflexión del empleado y hacerlo participar en el establecimiento de objetivos para su desarrollo, no dictar el curso de acción. Dar al empleado la posibilidad de crear su propio camino promueve la autonomía, la propiedad y el orgullo.

Proteger la privacidad

Mantenga las conversaciones sobre el rendimiento en un entorno cómodo que proporcione privacidad tanto auditiva como visual. Un entorno incómodo o no privado hará que el empleado se sienta incómodo, tendrá un impacto negativo en la calidad de la conversación y dificultará la receptividad del empleado a su apoyo. Mantenga una estricta confidencialidad y proteja la privacidad del empleado.

La pecera

YouthZone estaba situado en la primera planta de un moderno edificio de oficinas. El espacio tenía elementos contemporáneos, incluida una gran sala de conferencias con hermosas paredes de cristal. Por eso, los empleados la llamaban en broma "la pecera".

Lo bueno es que las paredes de cristal daban una sensación de apertura y hacían que la sala pareciera más grande. La luz natural saturaba la oficina y llegaba a las personas que estaban dentro de la sala de conferencias de cristal. Esto creaba un ambiente estimulante y propicio para la creatividad. Las paredes de cristal también fomentaban la transparencia, que coincidía con uno de los valores fundamentales de YouthZone. Las personas de la planta de trabajo podían ver a las de la sala de conferencias y viceversa. Esto fomentaba naturalmente la transparencia en ambos lados de las paredes.

Por otro lado, las paredes transparentes no permitían la privacidad visual. Todo el mundo en la planta de trabajo podía ver el interior de la sala de conferencias. Los que pasaban por allí se sentían inmediatamente atraídos por lo que ocurría adentro. No podían evitar echar un vistazo al interior. Como todas las miradas se dirigían continuamente a los que estaban dentro de la pecera, la gente de fuera estaba muy atenta al lenguaje corporal, a lo sutil y a lo no tan sutil. Aunque no podían oír claramente el diálogo que se producía en el interior, discernían fácilmente las conversaciones difíciles basándose en las expresiones faciales y los movimientos corporales de las personas.

Alex era muy consciente de esta falta de privacidad visual en la sala de conferencias, por lo que pidió a Vic que no la utilizara para su conversación con Mary. Sabía que las condiciones creadas por las paredes de cristal harían que Mary se sintiera incómoda, la distrajeran y comprometieran su privacidad. Alex no quería poner a Mary a la vista de todos.

Por lo tanto, Alex le pidió a Vic que utilizara la sala con paredes normales que protegía a sus invitados de los espectadores. Sí, era mucho más pequeña que la pecera y ciertamente no era tan bonita, pero era cómoda y privada. Y eso es todo lo que se necesitaba.

Variedad en la retroalimentación

Proporcione diversas formas de retroalimentación en entornos grupales e individuales. A continuación, se indican varias formas de proporcionar retroinformación.

Reuniones rápidas de equipo

Las reuniones rápidas no suelen durar más de quince o treinta minutos. Son una forma eficaz de crear un ambiente de trabajo orientado al rendimiento y de fomentar las opiniones colaborativas del equipo. Utilice las reuniones de rendimiento del equipo para proporcionar información actualizada, revisar los objetivos y el progreso del equipo, discutir los obstáculos, determinar las necesidades de apoyo y tomar decisiones de equipo para mejorar el rendimiento.

Para que las reuniones del equipo sean breves, céntrese en un tema o problema de rendimiento clave. No es necesario un orden del día formal. Sin embargo, anote los puntos clave para que estas breves reuniones se mantengan en el camino y dentro del tiempo asignado.

Siempre que sea posible, programe las reuniones de rendimiento del equipo con antelación. Aunque estas reuniones breves y no planificadas son una forma eficaz de movilizar a su equipo, también pueden ser perturbadoras. Por lo tanto, antes de realizar una reunión improvisada del equipo, considere cuidadosamente si es necesaria para realizar el trabajo. Si la información no es fundamental o urgente o no requiere una interacción cara a cara, entonces es mejor utilizar otro medio para comunicar. Esto puede incluir enviar la información por correo electrónico o incluirla en una reunión de equipo ya existente. Sin embargo, si un problema de rendimiento es urgente o requiere atención inmediata, se justifica una interrupción.

Reuniones regulares de equipo

Realice reuniones de equipo programadas con regularidad, como mínimo mensualmente. Programe con antelación, utilice un orden del día estructurado y compártalo con los miembros del equipo antes de cada reunión. Esto permitirá que los miembros del equipo vengan preparados y hará que las reuniones del equipo sean más productivas.

Además, estas reuniones recurrentes no tienen por qué abarcar sólo el rendimiento. Sin embargo, añada un punto recurrente en la agenda sobre las metas y objetivos de rendimiento, así como sobre el progreso del equipo, para mantener a los empleados centrados en lo que es importante.

Reuniones de personal

Si gestiona un programa o una oficina de gran tamaño, organice periódicamente reuniones de personal para compartir el panorama general. Utilice este espacio para reforzar la visión global de la organización y para proporcionar información actualizada sobre los objetivos clave de rendimiento y el progreso del grupo a la hora de alcanzar estos objetivos. Tenga un programa para mantenerse centrado y enfocado. La frecuencia de estas reuniones dependerá del tamaño de su plantilla, de las instalaciones de que disponga y de la naturaleza de su trabajo.

En una ocasión dirigí una plantilla de trescientos empleados y realizaba sistemáticamente reuniones de personal mensuales. Aunque el grupo era numeroso, la plantilla estaba ubicada en el mismo edificio, disponíamos de una sala grande de conferencias y funcionábamos en un entorno dinámico que requería una comunicación continua.

Dado el tamaño de la plantilla, realizábamos nuestra reunión mensual de personal en dos sesiones, una por la mañana y otra por la tarde. Esto hacía que la reunión fuera más manejable y minimizaba la interrupción de nuestras operaciones.

Retroalimentación individual en el momento

La retroalimentación individual en el momento puede ser verbal o escrita. Sin embargo, hay que tener cuidado a la hora de proporcionar retroalimentación correctiva por correo electrónico. Aunque es rápido y fácil, puede perjudicar la relación entre el supervisor y el empleado, dependiendo del grado necesario de corrección. Si necesita hacer un ligero recordatorio, el correo electrónico puede ser un medio adecuado. Sin embargo, si la preocupación es seria o requiere una explicación larga, es mejor dar comunicar en persona.

El correo electrónico no siempre es un medio útil para la retroalimentación. Los empleados pueden malinterpretar la intención y el tono de un correo electrónico. Si se encuentra con un empleado intercambiando mensajes por correo electrónico sin que se resuelva el problema, es el momento de entablar una conversación.

Reuniones individuales no planificadas

Las reuniones no planificadas deben durar entre unos minutos y media hora, dependiendo de la naturaleza del tema y de las pautas y decisiones que se requieran. Si las reuniones no planificadas duran más de 30 minutos, es posible que haya que programar reuniones de control o conferencias individuales. Sin embargo, nunca se resaltará lo suficiente el valor de estas conversaciones imprevistas. Lo ayudarán a obtener información en tiempo real y a mantener el pulso de la situación del empleado.

Estas conversaciones informales crean una buena y sólida relación entre el supervisor y el empleado. Le ayudarán a crear confianza, a proporcionar la orientación adecuada y a fomentar una relación de trabajo cooperativa. Los empleados empezarán a sentirse libres y seguros para compartir sus ideas. Esto le proporcionará una imagen realista de lo que ocurre con su equipo y con cada uno de los empleados.

Reuniones de actualización de estado

Cuando asigne una nueva función o proyecto a un empleado, establezca reuniones periódicas de actualización de estado. Si el proyecto es de gran importancia y visibilidad, reúnase con el empleado con más frecuencia. En cuanto haga la asignación, comunique al empleado que se reunirá con él regularmente para recibir información actualizada sobre cómo van las cosas. Estas reuniones son su oportunidad para evaluar el progreso del empleado, identificar los retos y proporcionar el apoyo necesario para cumplir los objetivos del proyecto. Aclare la información o los datos que necesita para prepararse con antelación. Sea lo más específico posible para que no tenga que adivinar lo que necesita.

Lo que usted solicite puede variar en función del proyecto o la tarea. Indique al empleado si requiere actualizaciones periódicas por escrito, la información que debe proporcionar, el formato que prefiere y la frecuencia de entrega. Cuanta más claridad ofrezca, más preparará al empleado para cumplir sus expectativas.

Conferencias individuales recurrentes

Las conferencias individuales recurrentes con los empleados lo ayudan a desarrollar un hábito de retroalimentación continua y regular. Realice estas conferencias al menos una vez al mes.

Programe conferencias individuales recurrentes con suficiente antelación para los empleados. Invítelos a reunirse con usted para hablar de sus logros, retos y necesidades de apoyo.

La frecuencia de las conferencias individuales recurrentes. Si el empleado es nuevo, está en periodo de prueba o tiene dificultades, puede emplear una frecuencia quincenal o incluso semanal. Sin embargo, si el empleado requiere una intervención excesiva de la supervisión, mantenga informados a su jefe y a recursos humanos. Mientras más rápido busque orientación en el proceso de gestión del rendimiento, será más fácil ayudarle a conseguir un resultado satisfactorio y menos probable que se sorprendan si la situación escala. No querrá sorprender a su jefe o a recursos humanos.

El contenido de las conferencias individuales recurrentes. Estas reuniones programadas con regularidad son una oportunidad para construir y reforzar las relaciones positivas entre el supervisor y el empleado a través de la responsabilidad solidaria. Los empleados informan sobre su progreso en el cumplimiento de las expectativas, y usted comparte sobre sus actividades en la prestación de apoyo.

Las conferencias individuales recurrentes no son para que usted tenga conversaciones complicadas sobre cuestiones de rendimiento, pero ocasionalmente, debido al calendario, es posible que tenga que utilizar estas conferencias para abordar las preocupaciones. Si este es el caso, sea sincero.

Sin embargo, no acumule todas sus preocupaciones sobre el rendimiento o el comportamiento de un empleado y no las exponga todas durante su conferencia individual recurrente. Esto puede ser desalentador para el empleado. Puede verse abrumado por demasiados comentarios negativos a la vez. Al sentirse atacado, puede ponerse a la defensiva, lo que obstaculiza su capacidad de escuchar, reflexionar y aprender. Si esto ocurre, saldrá de la conversación sintiéndose maltratado, no apreciado, incomprendido o incluso molesto. Esto es perjudicial para su confianza en sí mismo, su motivación, su rendimiento y su compromiso con la organización.

El uso de conferencias individuales recurrentes para transmitir las preocupaciones crea incertidumbre en los empleados, ya que no saben qué esperar durante estas importantes reuniones. Esto puede hacer que se acerquen a estas conferencias de forma cautelosa, lo que no favorece la confianza, la honestidad y la comunicación colaborativa. En su lugar, utilice estas citas recurrentes para fortalecer sus relaciones. Así, los empleados esperarán sus conferencias con la expectativa de recibir el apoyo y la orientación necesarios para tener éxito.

Conversaciones para mejorar el rendimiento

Si necesita discutir las preocupaciones sobre el rendimiento con los empleados, hágalo en una conversación individual de mejora del rendimiento programada explícitamente para este propósito. Encontrará más información sobre este tipo de retroalimentación en el Capítulo 7, "Las conversaciones que mejoran el rendimiento ".

> **Consejo sobre la documentación:** Documente las conversaciones individuales de retroalimentación utilizando una plantilla de notas de conversación (Apéndice K), un registro manual de eventos (Apéndice L), un registro electrónico de eventos (Apéndice M) u otro formato. Archive una copia de esta documentación en el expediente del empleado.

En resumen

La retroalimentación es una forma esencial de apoyo. Cuando se hace correctamente, permite a los empleados saber si van por el buen camino en el cumplimiento de las expectativas y lo ayuda a identificar y proporcionar el apoyo que necesitan para tener éxito. Continuamente proporcione retroalimentación positiva e intervenga en cuanto los empleados empiecen a desviarse del camino. Utilice un enfoque positivo y equilibrado respecto a la retroalimentación, que involucre al empleado y promueva la colaboración.

Ponerlo en práctica
1. Programe conferencias individuales recurrentes con sus subordinados directos. Aumente la frecuencia según la necesidad de cada empleado.
2. Programe reuniones mensuales de unidad con su equipo.
3. Si dirige un programa, una oficina o una sección de gran tamaño, programe reuniones mensuales de personal.

CAPÍTULO 7

LAS CONVERSACIONES QUE MEJORAN EL RENDIMIENTO

La retroalimentación de la mejora del rendimiento proporcionada en un espíritu de responsabilidad solidaria es un factor crítico de apoyo.

Como líder, proporcionar a los empleados el **apoyo** y la **responsabilidad** que necesitan para alcanzar el éxito es indispensable.

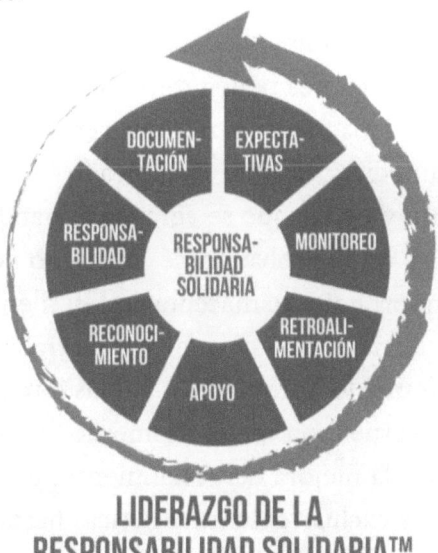

LIDERAZGO DE LA
RESPONSABILIDAD SOLIDARIA™

Cuando se ofrece a través de una conversación colaborativa y bidireccional, la retroalimentación sobre la mejora del rendimiento es un factor de apoyo fundamental. Esta también es una herramienta que le ayuda a descubrir las formas de apoyo que necesitan los empleados para un buen desempeño.

Las conversaciones para mejorar el rendimiento suelen ser las más difíciles de entallar con los empleados. Hacer saber a los empleados que no están trabajando al nivel esperado puede ser incómodo y estresante. Pero no tiene por qué ser así. Hay manera de tener conversaciones para mejorar el rendimiento sin angustiarse.

10 claves para las conversaciones que mejoran el rendimiento

Hay diez claves que usted puede aplicar a sus conversaciones para mejorar el rendimiento que reducen la ansiedad.

Clave 1 – Inmediatez. Mantenga conversaciones para mejorar el rendimiento inmediatamente después de descubrir los problemas. Si las preocupaciones tienen que ver con un incidente, los acontecimientos se mantendrán recientes en su mente. La retroalimentación inmediata permite al empleado corregir los problemas rápidamente y evitar que se agraven. Cuando se retrasa la comunicación, se está aprobando de forma no verbal el rendimiento y el comportamiento inaceptables. El silencio y la falta de acción son perjudiciales para el ambiente de trabajo.

Clave 2 – Momento apropiado. Algunas circunstancias pueden requerir que espere un mejor momento antes de tener conversaciones sobre la mejora del rendimiento. Estas condiciones incluyen desde las exclusivamente logísticas hasta las que implican varios niveles de sensibilidad. He aquí algunos ejemplos:

- El empleado ha sufrido un acontecimiento desafortunado justo antes de la reunión programada. Puede tratarse de un fallecimiento en la familia, una lesión, el diagnóstico de una enfermedad grave o cualquier otro incidente inesperado que afecte al empleado.
- Usted trabaja en un entorno sindicalizado y el asunto que está tratando es objeto de negociaciones laborales.
- El asunto que está tratando está vinculado a una investigación, y debe esperar a los resultados antes de proceder.
- El empleado presentó una queja o un reclamo poco antes de que saliera a la luz el problema de rendimiento. El momento puede dar al empleado la impresión errónea de que la conversación sobre la mejora del rendimiento es una represalia.

Es importante ser consciente de las sensibilidades que pueden afectar al calendario, pero éstas no le eximen de la responsabilidad de abordar los problemas de rendimiento. Trabaje estrechamente con su jefe y con recursos humanos para asegurarse de que el calendario es el adecuado.

Clave 3 – Honestidad. Para ganar y mantener la confianza de su empleado, sea tan honesto y transparente como sea posible. No endulce ni minimice el asunto. Resulta desconcertante para los empleados que los supervisores mantengan conversaciones alegres con ellos, y luego emitan advertencias por escrito o añadan un lenguaje desfavorable a sus evaluaciones de rendimiento. Si un asunto es serio, sea sincero al respecto. Puede que a los empleados no les guste o no estén de acuerdo con sus observaciones, pero apreciarán que diga la verdad. No tienen que adivinar su rendimiento porque usted se lo hace saber sistemáticamente con honestidad, transparencia y respeto.

Clave 4 – No hacer suposiciones. No asuma las causas del bajo rendimiento ni especule sobre las intenciones del empleado. Las suposiciones tienen una forma peligrosa de alterar su perspectiva y socavar la objetividad. Por supuesto, puede tener algunas ideas preliminares sobre la situación basadas en la información que ya ha reunido. Sin embargo, dé al empleado la oportunidad de compartir su versión de la historia para obtener una perspectiva completa. Reúna todos los hechos pertinentes antes de llegar a conclusiones.

Clave 5 – Enfoque. Siempre que sea posible, enfoque la retroalimentación sobre la mejora del rendimiento en un solo tema o área de preocupación. Si aborda las preocupaciones tan pronto como surjan, no se acumularán. Abrumar al empleado con demasiados problemas a la vez le dificultará centrarse en el asunto más urgente.

Si tiene varias preocupaciones no relacionadas entre sí, considere la posibilidad de priorizarlas por orden de importancia, gravedad y urgencia y de concentrarse primero en la cuestión más apremiante. A continuación, concéntrese sistemáticamente en lo demás. Sin embargo, puede haber excepciones, y tendrá que ejercer su buen juicio. Su jefe y los recursos humanos pueden ayudarlo a determinar el mejor enfoque.

Clave 6 – Expectativas. Establezca las conversaciones sobre la mejora del rendimiento a partir de las expectativas que ya ha comunicado. No puede responsabilizar al empleado por el cumplimiento de expectativas que usted no ha expresado. Ofrezca ejemplos concretos de cómo el empleado no está cumpliendo las normas establecidas y de lo que tiene que lograr para tener éxito. Utilice la información de sus actividades de monitoreo del rendimiento como punto de partida para la conversación.

Clave 7 – Apoyo. Evalúe las necesidades de apoyo del empleado. Pregúntele qué necesita de usted para tener éxito. ¿Necesita herramientas, formación o suministros? ¿O simplemente necesita más autonomía? A veces, los empleados necesitan un poco menos de usted.

Si el empleado no tiene el apoyo necesario para cumplir con las expectativas, esto dificultará su rendimiento. Respete las peticiones de apoyo del empleado tanto como sea razonablemente posible. Si alguna de las peticiones es irrealizable, explíquele por qué para que sepa que la ha tenido en cuenta. No atender las solicitudes de apoyo sin dar explicaciones afectará negativamente a la confianza del empleado en usted. Su responsabilidad es preparar al empleado para el éxito proporcionándole el apoyo necesario. La responsabilidad del empleado es utilizar el apoyo para lograr el éxito.

Clave 8 – Agilidad. No existe un guion perfecto para entablar conversaciones efectivas sobre la mejora del rendimiento. Si intenta utilizar uno, puede acabar frustrado cuando el empleado se desvíe de él. Adapte su enfoque a cada situación e individuo. Planifique las conversaciones sobre la mejora del rendimiento, pero sea ágil y tenga en cuenta que las respuestas o reacciones del empleado pueden requerir que cambie rápidamente el rumbo. No vaya a la conversación esperando que se desarrolle al 100% según lo planeado. Rara vez es así.

Clave 9 – Preparación. Si la conversación es seria o debe emitir algo por escrito, intente programar la reunión al final del turno de trabajo del empleado. Si el empleado experimenta una reacción negativa a la conversación, puede ofrecerle la opción de irse a casa. Si el empleado no se siente bien después de la interacción, es posible que no pueda concentrarse en su trabajo y que su juicio, productividad, servicio al cliente u otras áreas se vean afectadas negativamente. Si no puede programar una reunión más tarde en el turno del empleado, ofrézcale unos minutos para salir y tomar aire fresco antes de volver al trabajo. Sin embargo, es posible que el empleado tenga que irse a casa, dependiendo de cómo se sienta.

Tenga a mano pañuelos desechables por si el empleado llora o suda durante la conversación. Aunque su enfoque sea de responsabilidad solidaria, es difícil predecir cómo resultarán las conversaciones sobre la mejora del rendimiento. Incluso si cree que la charla será informal, la reacción del empleado puede ser diferente a la prevista.

> **Consejo sobre la documentación:** Para ver un ejemplo de cómo prepararse, consulte el Apéndice J - Plan de conversación para la mejora del rendimiento.

Clave 10 – Buscar orientación. Antes de mantener conversaciones sobre la mejora del rendimiento, comparta su enfoque previsto con su jefe y con recursos humanos. Escriba un breve resumen de los temas y hechos que piensa tratar y lo que pretende decir. Si su organización cuenta con un sindicato de empleados, pregunte a su director o a recursos humanos si un representante del sindicato debe estar presente durante la conversación.

Pregunte también sobre los procedimientos de su organización para la participación del sindicato. ¿Deben participar en la conferencia su gerente o los recursos humanos si está presente un representante del sindicato? ¿Con cuánto tiempo de antelación hay que avisar al empleado de la reunión? ¿Hay otros pasos que deba dar?

Estas diez claves le ayudarán a preparar el terreno para que las conversaciones de mejora del rendimiento sean eficaces. Ahora repasemos los pasos que debe dar para que estas conversaciones den resultados positivos.

7 pasos para las conversaciones que mejoran el rendimiento

Estos siete pasos pueden ayudarlo a facilitar las conversaciones colaborativas para la mejora del desempeño.

Paso 1 – Inicie la conversación con una nota positiva. La apertura marca el tono del resto de la conversación. Empezar con una nota positiva lo ayudará a establecer una relación desde el principio.

Paso 2 – Explique el objetivo de la conversación. Comuníquele al empleado que la reunión tiene como finalidad examinar su rendimiento e identificar sus necesidades de apoyo.

Paso 3 – Repase el rendimiento del empleado. Proporcione ejemplos concretos de cómo está rindiendo el empleado en relación con el objetivo de rendimiento.

Paso 4 – Pida el punto de vista del empleado. Haga varias preguntas para obtener la perspectiva y la opinión del empleado.

¿Cuáles son sus logros? ¿Los obstáculos? ¿Dificultades? ¿Qué ayuda necesita el empleado para tener éxito?

Puede modificar estas preguntas. La cuestión es hacer preguntas y escuchar atentamente las respuestas, ya que estas aclararán lo que usted puede hacer para ofrecerle apoyo. A veces el empleado puede pedir apoyo que usted cree que no necesita. Sin embargo, lo que importa es lo que el empleado cree que necesita.

Aunque no esté de acuerdo con la petición del empleado, si no supone una carga pesada para usted y la organización, concédala. Será un beneficio para todos. El empleado se sentirá escuchado, apoyado y fortalecido. Este acto de buena fe demostrará que usted se preocupa por el éxito del empleado y se ganará su confianza.

Paso 5 – Proporcione retroalimentación y orientación. Proporcione al empleado información sobre su autoevaluación y rendimiento. Si el empleado no se da cuenta de que necesita mejorar, guíe en su reflexión. Ayúdelo a encontrar ideas para mejorar su rendimiento. Comparta algunos ejemplos de buenas prácticas. Anímelo durante todo el proceso utilizando un enfoque positivo y de apoyo.

Paso 6 – Llegue a un acuerdo. Llegue a un acuerdo con el empleado sobre el apoyo que le proporcionará y las medidas que el tomará para mejorar su rendimiento. Establezca objetivos cuantificables que ambos puedan utilizar para evaluar el progreso.

Paso 7 – Fije una reunión de seguimiento. Establezca una fecha y una hora para que usted y el empleado se reúnan de nuevo para hablar del apoyo que le ha proporcionado y para revisar el progreso.

Estos siete pasos establecen un marco general para mantener conversaciones eficaces sobre la mejora del rendimiento. Sin embargo, los empleados no siguen una fórmula, un guion o una secuencia. Debe estar preparado para adaptar estos pasos a las respuestas del empleado. La agilidad es primordial. Lo importante es utilizar cada paso para establecer una base sólida para la mejora del rendimiento.

Vic se reúne con Mary

Vic había revisado el informe de satisfacción del cliente de Mary, había realizado observaciones de sus interacciones y había consultado con Alex. Ahora estaba sentado en la pequeña mesa situada en el centro de la sala de reuniones, esperando a que llegara Mary para su conversación sobre la mejora del rendimiento.

Vic se sentó de cara a la puerta abierta. Miraba fijamente el reloj. Tic-tac. Tic-tac.

Vic estaba nervioso. Llevaba dos años como supervisor, pero nunca había hablado de ningún tipo de problemas de rendimiento. En el pasado, había supervisado a un par de consejeros que no se esforzaban, pero Vic se las había arreglado para que sus estrellas lo ayudaran a mantener sus números.

Mary estaba ahora en la puerta. No había vuelta atrás.

"Hola, Mary. Pasa y toma asiento", Vic dijo con la voz poco temblorosa.

Cuando Mary se sentó, Vic la notó mirando la carpeta que había sobre la mesa. Su corazón latía rápidamente y las palmas de sus manos estaban sudadas.

Vic estaba definitivamente nervioso. Pero no podía dejar saber cómo se sentía. Tenía que parecer confiado. ¿Y por qué no iba a estarlo? Había seguido todas las instrucciones de Alex. Había reunido sus datos y ensayado varias veces lo que iba a decir. ¿Qué más podía hacer para prepararse?

Vic se aclaró la garganta. "Te pedí que te reunieras conmigo para hablar de tu servicio de atención al cliente".

Vic abrió la carpeta. Los ojos de Mary siguieron a las manos de Vic. Vic revisó los papeles, sacó dos informes y le entregó uno a Mary.

"Sé que eres consciente de que Alex implementó un programa de satisfacción del cliente hace un par de meses", dijo Vic.

"Sí, nos lo mencionó durante nuestra reunión de equipo", reconoció Mary.

"Bien", continuó Vic, "como parte del nuevo programa, uno de nuestros nuevos objetivos de rendimiento es lograr una calificación media de satisfacción del cliente de 4 o superior en todas las áreas medidas por las encuestas de satisfacción del cliente. Allí tienes una copia de tu informe de satisfacción del cliente de mayo".

Mary hojeó las páginas de su informe de satisfacción del cliente de los Empleados. Detrás del informe estaban grapadas las copias de las encuestas de satisfacción.

Vic dijo: "Cinco de sus clientes presentaron encuestas el mes pasado. Como puede ver, sus calificaciones fueron excelentes en las áreas de rapidez y asistencia. Atiendes a tus clientes con rapidez y les proporcionas lo que necesitan, lo cual es importante para su éxito. Lamentablemente, tus puntuaciones fueron bajas en las otras dos áreas, la profesionalidad y la capacidad de respuesta".

Vic preguntó: "¿Qué opinas de tus puntuaciones?".

Mary se encogió de hombros.

Vic explicó. "Tu puntuación media en capacidad de respuesta fue de 3,8, lo que... eh... no alcanzó el objetivo de 4 o más. En cuanto a la profesionalidad, sólo fue de 2,6. Esto es realmente bajo".

Hubo un momento de incomodidad.

"Así que... me preguntaba si tienes alguna idea de lo que puede estar causando las bajas puntuaciones".

"No, no la tengo", contestó Mary con amargura en la voz. Tenía los brazos cruzados y la cara tensa.

Vic sentía los fuertes golpes de su corazón contra su pecho. Respiró profundamente y continuó como había ensayado.

"Vamos a ver el informe más de cerca. Si te fijas, tu puntuación más baja fue en profesionalidad. Lamentablemente, de los cuatro jóvenes que te calificaron bajo en profesionalidad, sólo uno aportó comentarios. Y lo único que decía el comentario es que eras grosera".

"¿Yo, grosera?" preguntó Mary. "¿Cómo voy a ser grosera? Trabajo duro para servir a estos jóvenes. Los coloco en puestos de trabajo tan rápido como puedo. No puedo evitar que tengan malas actitudes y sientan que el mundo les corresponde". Mary estaba agitada.

Vic respondió: "Desde luego, haces tu trabajo a tiempo. Los informes de rendimiento lo demuestran. Y, según sus respuestas a las encuestas, los adolescentes están de acuerdo. Te dieron una calificación media de 4,6 en cuanto a puntualidad".

Después de este reconocimiento, Vic volvió a dirigir a Mary a la discusión en cuestión. "Pero no es de eso de lo que estamos hablando ahora. Estamos hablando de profesionalidad. Y los jóvenes sienten que no los tratas con profesionalidad. Sienten que eres grosera con ellos".

"Bueno, ¿Qué se supone que debo hacer? No sé qué quieren estos chicos de mí", dijo Mary con frustración.

Vic contestó: "Yo tenía la misma pregunta. Desgraciadamente, las encuestas no contienen muchos detalles, y ninguno de los adolescentes quería ser contactado. Por eso observé tres de tus interacciones con tus clientes la semana pasada. ¿Recuerdas?"

"Sí, recuerdo", dijo Mary.

"Estas observaciones proporcionaron una buena información, que creo que podría ser útil", dijo Vic.

"¿Y qué has encontrado?" preguntó Mary.

Vic compartió los resultados de sus observaciones. Al principio, le resultó incómodo. Pero cuanto más hablaban, más a gusto se sentía.

Vic no consiguió que Mary hablara mucho, así que compartió sus ideas sobre cómo Mary podía mejorar su servicio al cliente. Reconoció la rapidez con la que Mary realizaba el trabajo. También señaló que, por trabajar rápido, no escuchaba ni establecía una relación con sus clientes y se mostraba impaciente.

Vic también compartió la carta de queja que Alex había recibido.

Vic aclaró que se esperaba que Mary abordara las interacciones con los clientes con profesionalidad, lo que incluía cortesía y respeto. Le dio algunos ejemplos y consejos.

Mary aceptó de mala gana tomarse más tiempo en sus interacciones y escuchar más a sus clientes.

Vic organizó una reunión de seguimiento con Mary para revisar su progreso.

> **Consejo sobre la documentación:** Inmediatamente después de las conversaciones sobre la mejora del rendimiento, documéntelas. Entregue copias a su jefe y a recursos humanos, siguiendo el protocolo de su organización. Conserve copias de lo que ha presentado.

Conversaciones de disciplina progresiva

Cuando un problema es grave o sigue siendo recurrente a pesar de la información y el apoyo constantes, es posible que tenga que seguir el camino de la disciplina progresiva. En el Capítulo 11, "El apoyo a través de la disciplina progresiva", se ofrece más información.

El costo de la evasión

Un supervisor que no promueve la responsabilidad daña el desempeño. El costo de la evasión es triple. En primer lugar, afecta a la moral de los demás empleados, lo que a su vez puede afectar a su compromiso y rendimiento. En segundo lugar, permite que los empleados con problemas sigan teniendo un mal rendimiento y no hace nada para ayudarlos a mejorar. En tercer lugar, afecta al rendimiento de su equipo y de su organización. La evaluación para mejorar el rendimiento es una de las cosas más difíciles de hacer para muchos supervisores. Sin embargo, evitarlo perjudicará a sus clientes, a su equipo y a su organización.

La queja de la Junta Directiva de YouthZone

Era el 28 de junio. Vic estaba revisando los números, tratando de proyectar los resultados de su equipo para finales de mes en materia de colocación laboral y conservación del empleo. Parecía que iba a ser otro gran mes.

Oyó una débil alerta procedente de su ordenador. Era el sonido familiar de un correo electrónico que entraba. Hizo clic en su bandeja de entrada y allí estaba, un correo electrónico de Alex.

Decía: "Vic, por favor, mira el siguiente correo electrónico de uno de nuestros miembros de la junta. Ha recibido una queja sobre Mary. Tienes que controlar esto. Por favor, ven a mi oficina".

Vic se apresuró a ir al despacho de Alex. Después de una extensa conversación con ella y con el director de recursos humanos de YouthZone, volvió a su despacho con una mirada seria. Le habían pedido que se reuniera con Mary, pero no ahora. Querían que esperara hasta tener el informe completo de satisfacción del cliente del mes de junio, que no estaría disponible hasta el 1 de julio. El director de recursos humanos no quería que Vic se reuniera ahora con Mary para hablar de la queja y que luego tuviera otra reunión con ella después de que el informe de junio estuviera disponible en unos días. El director prefería que discutiera sus problemas de servicio al cliente en una sola sesión.

Alex y el director de recursos humanos programaron una reunión con Vic el 2 de julio para ayudarlo a preparar esta próxima conversación con Mary. Le indicaron a Vic que imprimiera, revisara y llevara una copia del informe de junio a esta reunión, en la que ambos le instruirían sobre cómo abordar la próxima conversación con Mary.

Esto era todo lo que necesitaba. Mary había provocado una escalada a la Junta Directiva de YouthZone, y ahora Alex y RRHH estaban sobre él. Definitivamente, necesitaba tener esto bajo control. Era una gran pérdida de tiempo.

Dominar la retroalimentación de la mejora del rendimiento

La retroalimentación de la mejora del rendimiento es un arte y una habilidad fundamental. Como supervisor, debe dominar este arte. Esto se consigue mediante la formación y la práctica adecuada.

Aproveche la formación ofrecida por su organización. Esta formación debe adaptarse a la misión, visión, valores y filosofía de su organización. Aproveche otros recursos, como libros y formación adicional que se centran en el uso de un enfoque positivo para la evaluación de los empleados. Sobre todo, practique. Cuanto mejor sea su capacidad para proveer retroalimentación a los empleados, tanto positiva como correctiva, mayor será el impacto positivo en el rendimiento de su equipo y de su organización.

En resumen

La retroalimentación de la mejora del rendimiento proporcionada en un espíritu de responsabilidad solidaria es un factor de apoyo crítico. Estas conversaciones suelen ser las más difíciles de entablar con los empleados.

Sin embargo, el coste de evitar estas conversaciones difíciles es alto. Afecta a la moral de los demás empleados, que tienen que asumir la responsabilidad de los compañeros que tienen un rendimiento inferior o que consideran que el lugar de trabajo es injusto debido a la falta de responsabilidad. También permite que los empleados con bajo rendimiento sigan teniendo un mal desempeño y no les proporciona el apoyo y la orientación necesarios para tener éxito.

Estas conversaciones, cuando se hacen correctamente, no son punitivas. Forman parte del papel de apoyo que usted, como supervisor, debe desempeñar hábilmente para el éxito de los empleados.

Ponerlo en práctica

1. Antes su próxima conversación sobre la mejora del rendimiento, tómese el tiempo necesario para preparar su enfoque. A veces es útil escribir su plan con antelación.
2. Asuma la responsabilidad de sus propias necesidades de desarrollo. ¿Le vendría bien una formación y práctica adicional para dirigir conversaciones eficaces sobre la mejora del rendimiento? En caso afirmativo, ¿qué formación en

línea y en persona está disponible en su organización? ¿Hay recursos adicionales que puedan ayudarle?
3. Hable con su supervisor sobre sus deseos y necesidades de desarrollo.

CAPÍTULO 8

LOS FACTORES CRÍTICOS DEL APOYO LABORAL

"El área en la que los individuos se quedan cortos es la parte de apoyo". - Barbara Greenstein

No basta con ofrecer expectativas claras, supervisar el rendimiento y proporcionar retroalimentación. Para rendir al máximo, los empleados necesitan **apoyo.**[52]

No puede confiar en que los empleados le digan cuándo necesitan ayuda. Debe establecer una sólida relación entre el supervisor y el empleado, centrar continuamente a su equipo en el cumplimiento de las expectativas de rendimiento y preguntarles qué necesitan para tener éxito.

No es práctico proporcionar una lista exhaustiva de todas las posibles necesidades de apoyo de los empleados. Sin embargo, repasemos algunos factores de apoyo críticos identificados con frecuencia en el lugar de trabajo.

Herramientas, equipos y suministros

Todas las ocupaciones requieren herramientas para que el trabajo se realice con eficacia. Las secretarias necesitan ordenadores, impresoras, sistemas telefónicos y otro material de oficina para trabajar con eficacia. Los cirujanos necesitan instrumentos como pinzas, retractores y bisturíes para realizar su trabajo con precisión. Los pilotos dependen en gran medida de los instrumentos de vuelo, como los indicadores de velocidad y los altímetros, para la seguridad. Los conserjes necesitan suministros de limpieza y desinfección adecuados para el trabajo de limpieza específico, desde pequeños derrames hasta residuos de riesgo biológico.

En todos los trabajos, la falta de recursos disminuye la productividad, merma el rendimiento y aumenta la frustración y el estrés de los empleados.

Entrenamiento

No basta con dar a los empleados las herramientas, los equipos y los suministros necesarios. Los grandes líderes también se aseguran de que los empleados tengan los conocimientos, las habilidades, las capacidades y la mentalidad para utilizar todos los recursos disponibles. Aquí es donde entran en juego la capacitación y el desarrollo.

El Entrenamiento Puede Mejorar el Rendimiento

El entrenamiento, cuando se aplica correctamente, mejora el rendimiento.[53] Prepara e inspira a los empleados para que lleven su desempeño, su comportamiento y su mentalidad al siguiente nivel. La formación toma el talento en bruto, lo refina y lo libera en el lugar de trabajo. También construye, refuerza y sostiene una cultura de trabajo que se alinea con los valores de su organización y hace avanzar la visión.

La formación refuerza las expectativas, les enseña a los empleados cómo hacer el trabajo y cómo hacerlo bien. Desde las tareas más pequeñas hasta los proyectos e iniciativas más complejos, el trabajo de los empleados consiste en servir a los clientes con excelencia a través de un gran rendimiento.

Establecer un calendario de capacitación

La capacitación es tan esencial para el éxito individual y organizacional que se debe proporcionar de manera regular,[54] desde el momento en que el empleado pone un pie en el lugar de trabajo y continúa a lo largo de su carrera con su organización. Considere la posibilidad de proporcionar capacitación en los siguientes momentos críticos de los empleados:

- Incorporación de nuevos empleados
- Asignación de nuevas tareas
- Nuevo puesto o función
- Desarrollo
- Preparación para el ascenso
- Necesidad de un nuevo reto
- Dificultades o carencias visibles en el rendimiento
- Necesidad de adaptación de la mentalidad
- Necesidad de cambio de comportamiento
- Refuerzo de las expectativas, valores o prioridades de la organización

Sin embargo, antes de impartir la formación, determine si es una solución adecuada.

El entrenamiento no siempre mejora el rendimiento

Cuando es apropiado, el entrenamiento puede ser una parte importante para mejorar el rendimiento. Por desgracia, el entrenamiento por sí mismo no siempre es la respuesta. La mejora efectiva del rendimiento requiere un enfoque específico que se centre en las necesidades de apoyo concretas de los empleados a nivel grupal e individual. La intervención adecuada, que es el resultado de un proceso de análisis, puede incluir o no la formación.

Entrevisté a Barbara Greenstein, directora de Human Resource Prescriptions, LLC, en relación con este tema.[55] Barbara es una consultora de mejora del rendimiento con más de veinte años de experiencia en aprendizaje y mejora del rendimiento humano. Es una facilitadora galardonada y ha sido profesora adjunta del programa de Máster en Desarrollo de Recursos Humanos de la Universidad Brandman (Brandman University) en San Diego, California. También facilita programas de certificación a través de la Asociación para el Desarrollo del Talento (Association for Talent Development).

Barbara compartió que el mayor obstáculo que ha visto en el uso del entrenamiento para la mejora del rendimiento de los empleados es que los directores suelen formar a toda su plantilla para corregir el problema de rendimiento de un individuo. Barbara dijo: "Es una persona, pero implementan ese programa para todos en ese departamento, cuando todos no tienen dificultades. Eso crea problemas. Es un gran obstáculo".[56]

Barbara explicó que los directores suelen racionalizar esta formación masiva como una forma de no señalar a un individuo. Subrayó lo frecuente y costoso que es esto. "Lo veo una y otra vez, sea cual sea el sector y el nivel de la organización. Es una reacción instintiva basada en lo que saben y en su experiencia pasada. Podría resolverse fácilmente de otra manera, costar menos, llevar menos tiempo y, lo más importante, ser mucho más eficaz".[57]

Barbara describió algunos de los problemas que surgen al utilizar este tipo de enfoque general en la capacitación. En primer lugar, la formación masiva innecesaria tiene un impacto negativo en la moral de los empleados que no la necesitan. En segundo lugar, impartir formación innecesaria a toda una plantilla, un departamento o un equipo es muy costoso y un malgasto de recursos. En tercer lugar, al no trabajar estrechamente para apoyar al individuo que tiene dificultades, los directores y supervisores no "afinan lo que esa persona necesita para ser productiva".[58]

Puede encontrar más información sobre Barbara Greenstein y su empresa, Human Resource Prescriptions, LLC, en http://www.hrxi.com/team.php.

La conclusión es que el entrenamiento puede ser, y a menudo es, una herramienta viable para mejorar el rendimiento. Sin embargo, no puede ser su reacción por defecto para resolver todos los problemas de rendimiento y comportamiento en el lugar de trabajo.

El entrenamiento sólo es eficaz cuando surge de una sólida evaluación de necesidades.[59] Si en esta evaluación se determina que el empleado carece de los conocimientos, las habilidades, las capacidades y la mentalidad necesarios para cumplir las expectativas, el entrenamiento puede ser parte de la solución. Sin embargo, si la causa fundamental del problema de rendimiento o comportamiento reside en otra parte, el entrenamiento es una pérdida de tiempo, energía y dinero. Además, el hecho de que un empleado necesite capacitación adicional para cumplir las expectativas no significa que se requiera el entrenamiento para toda la plantilla, departamento o unidad. Esa determinación requiere una evaluación.

Los empleados deben aprender y aplicar lo que aprenden

El entrenamiento sólo tiene éxito cuando los empleados aprenden y aplican lo aprendido en el lugar de trabajo.

Como líder, usted desempeña un papel de apoyo vital para ayudar a los empleados a aplicar los nuevos conocimientos adquiridos a través de la formación. Es importante comprender la motivación de los empleados para aprender y aplicar y usar este conocimiento para comunicarles los beneficios del aprendizaje y la aplicación.[60]

Si entiende la motivación que hay detrás del deseo de los empleados de aprender o de la falta de ella, podrá proporcionar una responsabilidad solidaria. Los empleados pueden estar motivados para aprender por diversas razones. Entre ellas, la preparación para un ascenso, el traslado a un tipo de trabajo diferente, el desarrollo de conocimientos, la obtención de más dinero, el mero amor por el aprendizaje u otras razones. La motivación para aprender es personal. Cuando se conoce a los empleados, se descubre lo que les entusiasma del aprendizaje y la aplicación.

Desgraciadamente, algunos individuos no tienen interés en aprender y las organizaciones suelen exigir un entrenamiento obligatorio que no entusiasma a los empleados. Esta falta de interés puede deberse a varias razones, como tener demasiado trabajo, ver la capacitación como una pérdida de tiempo o sentir que sus lideres simplemente quieren tachar la formación de su lista de tareas. Algunos empleados pueden estar soñando con la jubilación, esperando cumplir el tiempo que les queda en su organización. Mientras que otros pueden tener otras razones.

Cuando los empleados no están motivados para aprender, y usted los envía a un entrenamiento, seguirán los pasos para cumplir con el mandato. Sus cuerpos estarán presentes, pero sus mentes estarán ausentes. Esto afecta negativamente a su compromiso, a su aprendizaje y, en consecuencia, a su aplicación. Cuanto más sólida sea la relación entre el supervisor y el empleado, más se entenderá su motivación para aprender y aplicar.

Hay varias formas de animar a los empleados a practicar lo que aprenden.

Utilizar los juegos en el entrenamiento para fomentar la aplicación

Barbara Greenstein imparte un curso a través de la Asociación para el Desarrollo del Talento (Association for Talent Development) llamado lo *Esencial del diseño de juegos (Essentials of Game Design)*, en el que los participantes pueden aprender a desarrollar juegos para mejorar el desarrollo de la capacitación. Durante nuestra entrevista, Barbara compartió que la incorporación de juegos en el entrenamiento es una forma de ayudar a los participantes a aprender y practicar inmediatamente lo que aprenden. Barbara dijo que los juegos proporcionan un tipo de aprendizaje experimental. Proporcionan "una simulación de lo que podría ocurrir en el mundo real". Barbara explicó: "Los juegos son competitivos y constituyen una vía rápida de aprendizaje, porque la gente se involucra mientras los realiza y empieza a incorporar los conocimientos a su memoria a corto plazo. Luego, a medida que construyen su conocimiento a través de la actividad de juego, toman esa información y comienzan a almacenarla en su memoria a largo plazo. Es uno de esos métodos que les permite incorporar la información a la memoria a largo plazo, de modo que cuando vuelven a la oficina, algo sucede. Algo lo desencadena, y de repente lo sacan de su memoria a corto plazo y sacan la otra información de la memoria a largo plazo, y empiezan a hacerlo en el lugar de trabajo".[61]

Barbara justifica el valor de seleccionar soluciones de aprendizaje para los empleados que se basan en un gran diseño e incorporan actividades y juegos que pueden atraer, promover niveles más profundos de aprendizaje y permitir la aplicación inmediata de los nuevos conocimientos. Las conferencias interminables no entusiasman a los participantes. Como líder, sea selectivo en cuanto a la calidad de la formación que proporciona a los empleados.

La función del supervisor

El entrenamiento no es suficiente para ayudar a los empleados a aplicar lo que aprenden para lograr un mayor rendimiento. Ismail y col. destacaron el papel fundamental que desempeñan los supervisores a la hora de fomentar la aplicación. Los supervisores deben informar a los empleados acerca de los procedimientos, el contenido, las tareas y los objetivos del programa de formación.

Ellos también deben explicar los beneficios de asistir y proporcionar retroalimentación.[62]

Cuando envíe a un empleado a la formación, aclare el propósito, ya sea para adquirir nuevas habilidades, prepararse para el ascenso, obtener una certificación, mejorar el rendimiento o cualquier otra razón.

Sea sincero. Explique la importancia y los beneficios de asistir a la formación, los resultados esperados y cómo apoyará al empleado y lo responsabilizará de aplicar lo aprendido. Ofrézcale el tiempo y el espacio necesarios para poner en práctica los conceptos. Haga un seguimiento del empleado después de la formación y formule preguntas exploratorias. ¿Cómo le fue? ¿Qué nuevas ideas aprendió? ¿Cómo ha aprovechado los conceptos? ¿Qué obstáculos está encontrando el empleado al utilizar sus nuevos conocimientos y qué puede hacer usted para apoyarlo?

Una conversación franca

Era la mañana del 5 de julio y Vic estaba de nuevo sentado con Mary en la sala de reuniones. Estaba bien preparado.

Alex y el director de recursos humanos le habían enseñado qué decir y qué no decir. Habían repasado con él varios escenarios posibles e incluso lo habían obligado a hacer ese ridículo juego de roles. Con suerte, daría sus frutos. Estaba listo para tener esto bajo control.

Vic inició la conversación con Mary: "La razón por la que te he pedido que te reúnas conmigo es que quiero discutir tu progreso en el área de servicio al cliente. He sacado una copia de tu informe de satisfacción del cliente de junio".

Con precisión, repitió el mismo ejercicio que había realizado con Mary el mes pasado cuando habían revisado el informe de mayo. Y al igual que el mes pasado, las respuestas de Mary fueron limitadas y poco útiles. Aun así, Vic repasó el informe en profundidad. De nuevo, sus puntuaciones en profesionalidad y capacidad de respuesta estaban por debajo de los niveles esperados.

"Además de que no cumples con las expectativas de satisfacción del cliente, Alex recibió recientemente una queja sobre tu servicio de atención al cliente. Lamentablemente, esta queja llegó a través del consejo de administración".

Vic explicó los detalles de la queja y preguntó si Mary tenía alguna pregunta. No la tuvo.

"Mary, esto no puede continuar", enfatizó Vic. "Eres una gran trabajadora y tienes un alto rendimiento, pero tienes que mejorar tu servicio al cliente. No puedes seguir obteniendo bajas calificaciones de satisfacción de los clientes y no puedes seguir recibiendo quejas. ¿Cómo puedo ayudarte a corregir esto?".

Mary se encogió de hombros.

"¿Se te ocurre algo que pueda ayudar?" preguntó Vic.

"No sé qué esperan estos chicos de mí, Vic", refunfuñó Mary. "Trabajo duro todos los días. No sé qué más puedo hacer. Y no siento que soy maleducada".

"Por desgracia, nuestros clientes no están de acuerdo contigo, Mary", contestó Vic. "Sienten que los tratas sin respeto. Si esto fuera sólo la percepción de un adolescente no sería tan preocupante. Pero varios jóvenes han informado de que se sienten irrespetados por ti. ¿Y recuerdas que el mes pasado realicé observaciones de tres interacciones con tus clientes? Te comuniqué que tenías áreas en las que podrías mejorar. Incluso te di algunos consejos. Esto es un patrón, y ahora depende de ti hacer algunos cambios".

"Bueno, no sé qué quieres que cambie", contestó Mary.

"Bien. Entonces, tal vez pueda ayudar a aclarar eso", respondió Vic. "Un gran servicio al cliente es una habilidad. Y hay técnicas que puedes utilizar para que nuestros adolescentes se sientan valorados y respetados. Aquí tienes información sobre un curso de dos horas de formación en línea sobre atención al cliente que repasa estas técnicas".

Vic le entregó a Mary una copia impresa de la computadora que describía la capacitación en línea. "Por favor, completa la formación en los próximos tres días. Antes de que termine el día de hoy, inscríbete y hazme saber la fecha y la hora en que realizarás la formación. Le pediré al secretario que reprograme cualquier cita que entre en conflicto con tu formación".

Vic también le entregó a Mary un pequeño cuaderno de tapa dura. "También te he traído este diario. Mientras realizas el curso, por favor, úsalo para tomar notas. Escribe al menos dos o tres técnicas que hayas aprendido en la formación y cómo piensas aplicarlas en tus interacciones con los clientes. ¿Tienes alguna pregunta hasta ahora?".

Mary se quedó callada. Parecía tensa.

Vic se sintió incómodo, pero puso su cara de confianza y siguió adelante. "Después de completar la formación, por favor, empieza a aplicar estas técnicas en tus interacciones con los clientes. Cuando tengas interacciones con los jóvenes, por favor, reflexiona y escribe tus pensamientos en tu diario. Puedes escribir sobre las técnicas que aplicaste y cómo fue la interacción. ¿Tienes alguna pregunta sobre esta parte de tu proceso de aprendizaje?"

"Esto parece mucho trabajo, y estoy ocupada tratando de cumplir con sus números". Mary se resistió. "¿Cómo se supone que voy a hacer eso y escribir en el diario al mismo tiempo?"

Replicó Vic: "Entiendo cómo te sientes. Yo me siento igual. Esto nos va a llevar mucho tiempo y trabajo a los dos. Pero tienes que mejorar tu servicio al cliente. Hablamos de esto el mes pasado, y aquí estamos de nuevo. Y tú misma dijiste que no sabes lo que tienes que hacer. Así que tomar este entrenamiento en línea, llevar un diario y compartir tu progreso conmigo te ayudará a descubrirlo. Ahora bien, cuanto antes mejores tu servicio al cliente, no tendremos que seguir haciendo esto y podremos centrarnos en nuestro trabajo. Todo depende de ti". Vic puso la responsabilidad en Mary.

Ella no respondió.

Animado, Vic dijo: "Las expectativas son que apliques las técnicas de la formación, utilices tu diario para reflexionar, dejes de recibir quejas de tus clientes, y cumplas el objetivo de una calificación media de satisfacción del cliente de 4 o más en tu informe mensual. ¿Entiendes estas expectativas?"

"Sí", refunfuñó Mary.

Vic añadió: "La otra cosa que quería compartir es que cuando un cliente envía una encuesta de satisfacción, nuestro nuevo software me avisa de inmediato."

Luego confesó: "No las he compartido contigo al recibirlas, y lo lamento". Asumir la responsabilidad de no compartir las quejas de los clientes con Mary desde el principio fue difícil para Vic. Pero tenía que hacerlo. Sabía que tenía que admitir que él también tenía margen de mejora.

Vic le aseguró a Mary: "Realmente quiero que tengas éxito. Voy a empezar a compartir las encuestas contigo de inmediato, para que puedas utilizar la opinión de los clientes como parte de tu proceso de reflexión y aprendizaje. También voy a programar una reunión de seguimiento dentro de un mes para que puedas compartir lo que escribiste en tu diario y podamos revisar tu progreso. Te enviaré la invitación justo después de esta reunión".

"Bien", Mary contestó.

Vic dio el último y más incómodo dato. "Una cosa más. Voy a poner esta conversación por escrito, resumiendo lo que acordamos. Ya hemos hablado de esto antes. Sin embargo, tus índices de satisfacción de los clientes no han mejorado, y has tenido una segunda queja elevada al consejo de administración. Es importante que empieces a mejorar la situación. Si tienes alguna pregunta, preocupación o necesitas algo de mí para cumplir con estas expectativas, por favor dímelo".

A estas alturas, Mary estaba furiosa. Sus ojos lanzaban dardos y sus cejas apuntaban hacia el centro de su cara. Pero se mantuvo en silencio.

Vic se aclaró la garganta. "Bien, Mary. Gracias por reunirte conmigo. Espero que mejores".

Mary salió sin decir una palabra.

Acceso a la información

Una parte importante del apoyo a los empleados es garantizar que tengan acceso a la información. No hay que abrumarlos con toda la información de una sola vez, pero sí hay que darles las herramientas para que encuentren lo que necesitan. La información tiene que ser fácil de usar, estar bien organizada y ser fácil de recuperar.

A continuación, se presentan algunas herramientas que puede utilizar para facilitar el acceso a la información:
- Manuales, guías, cuadernos y folletos
- Boletines informativos
- Guías para el trabajo y hojas de consejos
- Recursos basados en la web
- Tablones de anuncios electrónicos y manuales

Enséñeles a los empleados como pueden acceder a la información esencial.

Programas de Asistencia al Empleado

A medida que vaya estableciendo relaciones sólidas con los empleados, ellos empezarán a confiar en usted. Como resultado, compartirán información personal y delicada, incluyendo cuestiones que pueden requerir un amplio apoyo e intervención. Esto puede incluir información sobre el abuso de sustancias, problemas de salud mental, adicciones u otra información delicada. Para poder apoyarlos, conozca y comprenda los recursos disponibles para los empleados a través de su organización.

Algunos lugares de trabajo en los Estados Unidos ofrecen Programas de Asistencia al Empleado (Employee Assistance Programs, EAP por sus siglas en inglés). La disponibilidad y la estructura de los EAP varían de una organización a otra. Estos programas apoyan el bienestar de los empleados en áreas como la salud física, la salud mental y el equilibrio entre el trabajo y la vida privada.

Los EAP pueden prestar asistencia directa a los empleados en cuestiones como enfermedades mentales, problemas emocionales, adiciones a las drogas y al alcohol, abandono del tabaco, divorcio, crianza de los hijos, cuidado de los ancianos, bienestar financiero, pérdida de peso, planificación de la carrera profesional, apoyo jurídico y mucho más.[63]

Además, los EAP también pueden ayudar a los profesionales de recursos humanos, a los directores y a los supervisores a abordar situaciones difíciles en el lugar de trabajo. Esto puede incluir ayuda para apoyar a los empleados y para gestionar circunstancias ambientales difíciles como la violencia en el lugar de trabajo, las reducciones de plantilla y las transiciones importantes.[64]

Los EAP son un recurso valioso para el empleado y la organización. Según la Oficina de Políticas de Empleo para Discapacitados del Departamento del Trabajo de EE. UU. (Office of Disability Employment Policy, United States Department of Labor), se ha demostrado que los EAP contribuyen a reducir el absentismo, reducir los accidentes y las demandas de indemnización de los trabajadores, aumentar la retención de los empleados y reducir los conflictos laborales. También ayudan a reducir significativamente los costes médicos a través de la identificación y el tratamiento tempranos de los problemas de salud mental y de consumo de sustancias.[65]

No todas las empresas y organizaciones estadounidenses ofrecen servicios de EAP. Además, los servicios disponibles a través de los programas de EAP varían de una organización a otra. Si su organización tiene un EAP, averigüe qué servicios ofrece el programa, cómo pueden acceder los empleados a estos y cómo puede usted utilizarlos para apoyar a los empleados.

Tal vez su organización tenga un folleto o una página web que pueda compartir con los empleados. Tenga estos recursos al alcance y colabore con su jefe directo o con recursos humanos cuando ayude a los empleados con cualquier asunto delicado.

El impacto de las adicciones en el lugar de trabajo

Entrevisté a Scott H. Silverman, director general de Confidential Recovery, un programa ambulatorio en San Diego, California, que permite a los pacientes continuar con sus carreras o trabajos y disfrutar de la vida en casa mientras reciben terapia a largo plazo.⁶⁶ Scott ha recibido numerosos honores y premios y es un experto en el desarrollo de la fuerza laboral. También es un aclamado conferenciante y el autor de *Tell Me No, I Dare You: A Guide for Living a Heroic Life*.

Hace treinta años luchaba contra la adicción y, tras un intento fallido de suicidio, se fue de casa y entró inmediatamente en tratamiento. Hoy es testigo viviente de la transformación y la sanación. Lleva 31 años sobrio y trabaja para ayudar a otros en su camino.

Scott compartió que "el 15% de la población tiene una adicción potencialmente activa y, en los próximos 12 meses", su adicción tendrá un impacto negativo en "7 a 10 personas con las que se cruzan a lo largo del día, ya sea alguien en la carretera conduciendo o la familia de alguien... Eso es casi el 85% de la población". Scott subrayó cómo las personas con adicciones influyen en su familia, en su comunidad y en la mano de obra. Dijo que las personas con adicciones tienen un impacto negativo en la productividad y señaló que "es un fenómeno muy interesante que no es considerado por el liderazgo... El liderazgo se centra más en la persona, y es difícil medir cómo impacta en los demás".⁶⁷

Teniendo en cuenta el impacto perjudicial que tienen las adicciones en la sociedad y en el lugar de trabajo, a las organizaciones les corresponde identificar cuándo los individuos tienen adicciones y proporcionarles el apoyo que necesitan.

Identificar las adicciones en el lugar de trabajo

Scott señaló que los gerentes y supervisores pueden estar atentos a las señales que puedan indicar una adicción, ya sea a las drogas, al alcohol, al juego o a cualquier otra cosa. Dijo que estas señales pueden ser "algo tan simple como la presencia, el comportamiento, el cambio de actitud, todas esas cosas que repercuten en el resultado final... Cuando el comportamiento de alguien empieza a cambiar, está claro. Usted sabe que alguien llega tarde o que se alarga en los almuerzos que no están programados. Huelen a alcohol. Se van a dormir a su mesa. Están desorientados. Hay todo tipo de pérdidas de peso, aumentos de peso u otros indicios si se fija bien. Y a veces no hace falta mirar demasiado. Son evidentes".[68]

Una vez que los directores y supervisores han identificado que una persona puede tener una adicción, Scott recomienda que hagan preguntas discretamente de una manera que no sea ofensiva o intrusiva. Dice que lo mejor es preguntar: "¿Está todo bien? ¿Hay algo que pueda hacer?". También recalcó que sería inapropiado hacer una pregunta directa, como: "Por cierto, me he dado cuenta de que su productividad ha bajado un 22% y creemos que podría tener un problema con la bebida". Scott recordó que "a veces hay que recurrir a los expertos".[69]

Aquí es donde los programas de EAP de las empresas pueden intervenir, pero animar a los empleados a aprovechar este recurso es a veces un desafío.

Los empleados desconfían del EAP

Según mi experiencia, los empleados dudan en aprovechar los servicios del EAP, incluso cuando se les informa de que el programa es confidencial.

Scott explicó que los empleados tienen miedo al estigma, a ser marcados o catalogados y a perder oportunidades por ello. Contó la historia de una persona que no quería revelar sus problemas de salud mental por miedo a que le costara el trabajo. Los problemas de salud mental se agravaron hasta tal punto que la persona se suicidó.[70]

Reflexionando sobre esta trágica pérdida de vida, Scott señaló: "Tenemos que crear un entorno de trabajo en el que, pase lo que pase con nuestro equipo, les hagamos saber que hay alguien ahí, y si no hay nadie, que hay un número. Hay un recurso al que pueden llamar para hacer preguntas en un entorno seguro y confidencial... Tenemos que facilitar que la gente obtenga ayuda antes y no después".[71]

El balance del bienestar

Le pregunté a Scott cómo pueden los líderes equilibrar el apoyo y la responsabilidad en estas situaciones delicadas. Demostrando una actitud servicial, contestó: "Siempre estamos hablando del balance final. Siempre hablamos de medidas de rendimiento, de resultados. Creo que parte de lo que tenemos que hablar también es del bienestar... ¿Es usted feliz en el trabajo? ¿Hay algo que podamos hacer para añadir valor a su entorno?"[72] La sabiduría de Scott es un testimonio de cómo el simple hecho de preocuparse por las personas que usted lidera y sirve tendrá un impacto positivo en el lugar de trabajo y en el resultado final.

Puede obtener más información sobre Scott H. Silverman y su empresa, Confidential Recovery, en https://www.confidentialrecovery.com/.

La Ley de Licencia Familiar y Médica

Otro recurso disponible en los Estados Unidos para los empleados que se enfrentan a condiciones médicas personales y familiares es la Ley de Licencia Familiar y Médica (Family Medical Leave Act, FMLA por sus siglas en inglés).

En la página web del Departamento del Trabajo de EE. UU. (U.S. Department of Labor) se explica: "FMLA brinda a los empleados elegibles una licencia sin goce de sueldo de hasta 12 semanas laborales por año, y requiere que se mantengan los beneficios de salud grupales durante la licencia como si los empleados continuaran trabajando, en vez de tomarse licencia. Los empleados también tienen derecho a regresar al mismo puesto de trabajo, o a uno equivalente, al finalizar su licencia FMLA".[73]

Visite la página web del U.S. Department of Labor para obtener información actualizada. Sin embargo, tenga en cuenta que cada estado y organización tiene políticas, procedimientos y trámites específicos para la administración de la FMLA.[74] Su gerente o su profesional de recursos humanos pueden compartir información sobre las políticas y procedimientos de su organización.

Si tiene un empleado que tiene problemas para cumplir con las expectativas de asistencia, es posible que tenga que determinar si la FMLA está justificada o si necesita tomar otro curso de acción. Busque la orientación de su gerente y de los expertos en recursos humanos.

El Programa de Compensación para Trabajadores

Cuando un empleado sufra una lesión, una enfermedad o una exposición relacionada con el trabajo en Estados Unidos, remítalo al Programa de Compensación para Trabajadores (Workers' Compensation Program). Una vez más, pida consejo a su jefe y a recursos humanos.

Según Ann Clayton, los Programas de Compensación para Trabajadores en EE. UU. están regulados por los estados, con leyes determinadas por cada órgano legislativo estatal y aplicadas por una agencia estatal. Los programas proporcionan el pago de los salarios perdidos, el tratamiento médico y los servicios de rehabilitación a los trabajadores que sufren una lesión o enfermedad laboral.[75]

En algunos estados, algunas empresas y organizaciones no están obligadas a ofrecer este programa a sus empleados.[76] Averigüe a través de su gerente o del departamento de recursos humanos cuáles son las políticas y los procedimientos de su organización antes de que se produzca una lesión o enfermedad relacionada con el trabajo. Si su organización ofrece un Programa de Compensación para Trabajadores, tenga a mano toda la información necesaria.

Ley para Personas Con Discapacidades de los Estados Unidos

Los empleados también pueden tener una discapacidad que afecte su desempeño o su capacidad de cumplir con las expectativas de rendimiento y comportamiento. Si un empleado comunica o usted sospecha que tiene una discapacidad, es imprescindible que lo notifique inmediatamente a su jefe y a recursos humanos para garantizar el cumplimiento de la Ley para Personas Con Discapacidades (Americans with Disabilities Act, ADA por sus siglas en inglés).

La División de Derechos Civiles del Departamento de Justicia de los Estados Unidos (Civil Rights Division of the U.S. Department of Justice) ofrece la siguiente descripción sobre la ADA:

La ADA es una de las leyes de derechos civiles más completas de los Estados Unidos que prohíbe la discriminación y garantiza que las personas con discapacidades tengan las mismas oportunidades que todos los demás para participar en la corriente principal de la vida estadounidense, para disfrutar de oportunidades de empleo, comprar bienes y servicios, y participar en programas y servicios del gobierno estatal y local.[77]

Siguiendo el modelo de la Ley de Derechos Civiles de 1964 (Civil Rights Act of 1964), que prohíbe la discriminación por motivos de raza, color, religión, sexo u origen nacional y la Sección 504 de la Ley de Rehabilitación de 1973 (Section 504 of the Rehabilitation Act of 1973), la ADA es una ley de igualdad de oportunidades para las personas con discapacidades.[78]

Para ser protegido por la ADA, la persona debe tener una discapacidad, que es definida por la ADA como un impedimento físico o mental que limita sustancialmente una o más actividades importantes de la vida, una persona que tiene un historial o registro de tal impedimento, o una persona que es percibida por otros como teniendo tal impedimento. La ADA no nombra específicamente todos los impedimentos que están cubiertos.[79]

Su gerente o experto en recursos humanos puede orientarle en los casos relacionados con la FMLA, la ADA, el Programa de Compensación para Trabajadores u otras situaciones delicadas. Debido a las implicaciones legales, es fundamental que no intente manejar este tipo de situaciones sin la orientación adecuada de los departamentos designados de su organización. Dependiendo del tamaño y la estructura de su organización, estos departamentos pueden incluir recursos humanos, relaciones laborales, gestión de riesgos, asesoramiento jurídico y otros. Es fundamental que conozca el protocolo de su organización.

Los requisitos de las leyes suelen cambiar. Para información actualizada, por favor visite los sitios web.

> **Consejo sobre la documentación:** Cuando los empleados experimentan dificultades, su rendimiento, mentalidad y comportamiento pueden verse afectados. Busque la orientación de su gerente, de los expertos en recursos humanos, del asesor jurídico o de otros expertos de su organización sobre cómo prestar apoyo y documentar adecuadamente los hechos.

En resumen

Para fomentar el rendimiento, hay que identificar y satisfacer las necesidades de apoyo de los empleados. Estas necesidades varían según el sector, la ocupación y el individuo. Aunque no es práctico crear una lista exhaustiva de estas necesidades, algunos factores de apoyo críticos son comunes en el lugar de trabajo. Entre ellos se encuentran las herramientas, los equipos, los suministros, la formación y el acceso a la información.

Otros factores de apoyo pueden ser los Programas de Asistencia al Empleado, la Ley de Licencia Familiar y Médica, el Programa de Compensación para Trabajadores, y la Ley para Personas Con Discapacidades.

Estas son sólo algunas de las posibles necesidades de apoyo para el éxito de los empleados. Las necesidades de apoyo laboral son individuales. Cuanto más conozca a cada persona y fomente una sólida relación entre el supervisor y el empleado, mejor podrá brindar apoyo.

Ponerlo en práctica

1. Reúna información sobre los recursos disponibles para los empleados a través de su organización y mantenga esta información accesible.
2. Durante sus conferencias individuales recurrentes, pregunte a los empleados qué apoyo necesitan para tener éxito.
3. Si un empleado tiene problemas de asistencia, puntualidad, rendimiento o comportamiento, identifique las necesidades de apoyo de la persona y desarrolle un plan para satisfacerlas. Comparta esta información con su jefe y con recursos humanos siguiendo el protocolo de su organización.

CAPÍTULO 9

EL PODER DEL RECONOCIMIENTO

En una cultura basada en el aprecio, el reconocimiento laboral no se limita a un enfoque descendente, sino que se extiende a toda la organización.

El **reconocimiento laboral** es una poderosa herramienta para comprometer a los empleados, promover un gran rendimiento organizativo[80] y lograr la excelencia en el servicio al cliente.[81]

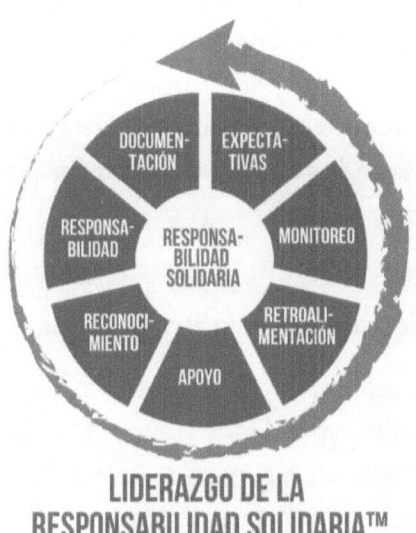

El reconocimiento influye en la motivación,[82] la satisfacción y el compromiso de los empleados con la organización.[83] Permite a los empleados saber que sus contribuciones a los objetivos de la organización son reconocidas y apreciadas.[84]

Definir el reconocimiento laboral

La literatura sobre liderazgo y gestión ofrece varias definiciones del reconocimiento de los empleados. En el Modelo de Liderazgo de la Responsabilidad Solidaria[TM], la definición del **"reconocimiento laboral"** es "mostrar a los empleados que se les aprecia y hacer resaltar su gran rendimiento." Esta sencilla definición va mucho más allá de los programas formalizados de reconocimiento laboral y se centra en la creación de una cultura del aprecio. En este tipo de entorno, una expresión sincera de gratitud se considera reconocimiento.

En una cultura basada en el aprecio, el reconocimiento laboral no se limita a un enfoque descendente, sino que se extiende por toda la organización. Puede ser de igual a igual, de supervisor a empleado, de empleado a supervisor y muchas otras combinaciones. Para ello es necesario reconocer activamente a los empleados y, lo que es más importante, crear una cultura en la que todos los miembros del lugar de trabajo se sientan inspirados para apreciarse mutuamente.

El reconocimiento propicia un gran lugar de trabajo

Cuando los líderes crean una cultura en la que los empleados se sienten valorados, apreciados y apoyados, tienen un impacto positivo en su satisfacción general y en su salud mental. El reconocimiento empodera y fortalece mentalmente a los empleados, dándoles resistencia frente a las exigencias del trabajo y las presiones asociadas. Sentirse valorado en el trabajo y contar con el apoyo emocional de sus líderes se asocia con menores niveles de agotamiento y estrés.[85] Cuando se fomenta continuamente la resiliencia de las personas mediante el reconocimiento y la retroalimentación positiva, se crea un entorno de apoyo emocional que les da la fuerza y la motivación necesarias para afrontar los retos que se presentan en el camino.

El reconocimiento laboral también promueve empleados satisfechos y motivados que se sienten inspirados para servir y satisfacer a los clientes.[86] Y los clientes satisfechos tienen un impacto directo y positivo en los resultados de su organización.

El reconocimiento también refuerza las expectativas, prioridades y valores de la organización. Este refuerzo concentra el tiempo, la energía y el talento de los empleados en lo que más importa, lo que fomenta un sólido rendimiento y hace avanzar la visión de la organización.

El reconocimiento laboral no es opcional

Todo el mundo necesita ser reconocido. El reconocimiento laboral es una parte integral de la retroalimentación y las recompensas laborales. El reconocimiento les dice a los empleados que van por el buen camino, lo que desarrolla y refuerza su confianza en sí mismos. Al dar a los empleados retroalimentación continua positiva, no les hace adivinar su rendimiento.

El reconocimiento no es sólo para los empleados que sobresalen, sino también para los que hacen su trabajo discretamente e incluso para los que tienen dificultades pero que hacen un esfuerzo sincero por mejorar. No tenga miedo de reconocer a los empleados por su excepcional rendimiento en un área, aunque tengan dificultades en otra. Sus dificultades en una parte del trabajo no deben influir negativamente en lo que están haciendo bien. Del mismo modo, cuando una persona se enfrenta a obstáculos, aplauda cada paso que dé en su camino hacia el éxito.

Demostrar el aprecio por los empleados con dificultades cuando lo hacen bien refuerza su confianza en sí mismos, los anima a esforzarse más por mejorar y los ayuda a ver la retroalimentación constructiva como un apoyo y no como una crítica.

Los elementos del reconocimiento laboral eficaz

Para impactar el lugar de trabajo a través del reconocimiento, entréguelo inmediatamente, hágalo valioso para el empleado, ofrézcalo por sus logros reales[87] e incluya los siguientes elementos.

Puntual, específico y significativo

Sea puntual y específico en su reconocimiento y hágalo por algo significativo.

En cuanto usted observe un gran rendimiento, reconozca y elogie. Señale la acción concreta y por qué es digna de elogio. Evite recurrir a frases fáciles como "gran trabajo" y "bien hecho". Aunque no hay nada malo en incluir este tipo de frases en su reconocimiento, por sí solas no suenan ni sinceras ni significativas. Para que el reconocimiento tenga un impacto, añada detalles.

Por ejemplo, puede escribir: "Jane, te agradezco que hayas dejado todo para ayudarnos a cumplir el plazo de solicitud de subvención. Sé que era una petición de última hora, pero acudiste enseguida con una actitud alegre. Gracias por tu servicio a las familias necesitadas". Esto requerirá más tiempo y reflexión. Sin embargo, permitirá a Jane saber que su sacrificio y sus contribuciones han sido notados y apreciados. También reforzará el bien común de la organización.

Frecuente

El reconocimiento y la retroalimentación positiva deben ser frecuentes.[88] No basta con reconocer a los empleados en un evento anual. Incluso una vez al mes no es suficiente. En un entorno de agradecimiento, el reconocimiento se produce a diario, porque la gente está realmente agradecida. Si esto le parece excesivo, recuerde que el reconocimiento puede adoptar muchas formas, no tiene por qué ser formal y puede ser proporcionado por todos los miembros de la organización.

Enfoque su energía en la creación de una cultura del agradecimiento, y no será la única persona que reconozca a los empleados; inspirará a la gente a expresar su gratitud a los demás libremente. Esto aumenta significativamente las oportunidades de que los empleados reciban reconocimiento en el lugar de trabajo. Sin embargo, debe seguir prestando atención al rendimiento excepcional, tanto cuantitativo como cualitativo, y reconocerlo.

Variado

El reconocimiento no tiene por qué ser costoso. Puede adoptar diversas formas, y puede darse a nivel individual o de grupo.

Individualizado

No a todo el mundo le gusta ser reconocido de la misma manera. Conozca a los empleados individualmente y pregúnteles cómo les gusta ser reconocidos. A algunos empleados les encanta ser el centro de atención de un gran evento, mientras que a otros les horroriza la presentación pública. Algunos empleados prefieren el dinero y otros disfrutan de tiempo libre. Averigüe cómo quiere ser reconocido cada individuo. No respetar sus preferencias puede ser contraproducente y dar lugar a un reconocimiento desmotivador.

El reconocimiento que salió mal

Shelly era una empleada tranquila y productiva de YouthZone que estaba bajo la supervisión de Vic. De hecho, era constantemente la mejor productora de todo el Programa de Empleo Juvenil. Disfrutaba de las relaciones estrechas con las personas que eran importantes para ella, pero era reservada y no compartía abiertamente con la mayoría de sus compañeros de trabajo. Tampoco le gustaba llamar la atención.

Hace menos de dos años, cuando Vic era un nuevo supervisor, decidió reconocer a Shelly por sus constantes y extraordinarias estadísticas de colocación y conservación del empleo durante todo el año. Así que la nominó para un codiciado premio. El antiguo director de Vic, Tim, seleccionó a Shelly para el premio.

Siguiendo las indicaciones de Tim, el Comité del Premio planeó durante semanas sorprender a Shelly en la reunión anual para los 150 empleados de YouthZone.

El día del evento, Tim llamó a Shelly al escenario, que estaba en el centro de un gran auditorio. Shelly se acercó tímidamente, las luces brillando sobre ella. Con gran entusiasmo, Tim habló de los logros fantástico de Shelly ese año; incluso aportó datos concretos para demostrarlo. Tim concluyó su alegre discurso entregando a Shelly una placa grabada y un premio monetario, mientras todos la ovacionaban con entusiasmo. Durante toda la presentación, Shelly permaneció rígida en el escenario, frotándose las manos y mirando al suelo. Pero Tim estaba demasiado emocionado para darse cuenta.

En las semanas siguientes, el rendimiento de Shelly bajó. Seguía cumpliendo los objetivos de rendimiento de YouthZone, pero ya no obtenía resultados sobresalientes.

Tim y Vic no entendieron que el reconocimiento que habían visto como una recompensa especial para Shelly, ella lo percibía de otra manera. Se sintió tan avergonzada por el espectáculo público que decidió no volver a hacer nada que le proporciona este tipo de atención. Por desgracia, Vic no se había tomado el tiempo de conocer a Shelly antes de nominarla para el premio.

Formas de reconocer

A continuación, se encuentran algunas formas de reconocer a los empleados:

Palabras de agradecimiento

Utilice sus palabras para demostrar a los empleados que los aprecia a ellos y a lo que hacen. Hágalo con frecuencia, para que sepan que sus contribuciones no se dan por sentadas. Un simple "gracias", cuando se hace de manera significativa y sincera, sirve de mucho.

El correo electrónico de agradecimiento

Envíe un correo electrónico de agradecimiento. Tómese unos minutos más para elegir las palabras adecuadas para que el mensaje tenga sentido. Añada imágenes bonitas que transmitan el espíritu de su mensaje y cambie el color y la fuente de las letras para que todo quede unido. Esto lleva más tiempo que enviar un mensaje ordinario. Sin embargo, comunica que el logro ha sido lo suficientemente valioso como para que lo haya pensado.

Tarjetas de motivación

Compre tarjetas con frases inspiradoras, o notas de agradecimiento, y manténgalas en su escritorio. Cuando vea a un empleado haciendo algo estupendo, saque una tarjeta y escriba a mano una breve nota de agradecimiento. Las palabras escritas a mano le dan un toque personal a su expresión de agradecimiento.

Wendi Pomerance Brick, presidente y directora general de Customer Service Advantage, Inc. destacó lo valiosa que puede ser una simple tarjeta de agradecimiento. Compartió su experiencia dando tarjetas a los empleados que lograron excelentes puntajes en sus programas de compras misteriosas.[89]

Wendi dijo: "Después de las compras misteriosas, les daba una nota escrita a mano a todos los que obtuvieron puros cincos (el puntaje máximo). Escribía algo así como: «Has sido evaluado en esta fecha, en este tiempo, y has obtenido una puntuación perfecta. Muchas gracias por esforzarte en ofrecer un gran servicio a nuestros clientes». Les escribía algo y era una de mis cosas favoritas. Me llevaba a casa una pila de tarjetas y les escribía por la noche. Me encantaba, porque podía ver todo ese maravilloso trabajo y reconocer lo que la gente estaba logrando. De vez en cuando, incluso había gente que me mostraba que guardaba sus tarjetas".[90]

Wendi reconocía a los empleados por su gran servicio al cliente, incluso si tenían problemas de rendimiento en otras áreas. Explicó: "Incluso si hay algo más pasando, en este momento, en esta fecha, a esta hora, hicieron un gran trabajo. Y eso es lo que me importaba".[91]

Funciones, proyectos y tareas especiales

Una forma de reconocimiento que a menudo no se tiene en cuenta es la asignación de funciones especiales, proyectos y tareas. Al seleccionar a los empleados para una de estas asignaciones, les dice que confía en ellos, reconoce su talento y cree en sus capacidades. Esto no sólo reconoce a los empleados, sino que desarrolla su potencial.

Ha nacido una estrella

Vic estuvo dos semanas de vacaciones y su supervisor de respaldo cubrió su unidad. La mano derecha de Vic, una fuerte consejera principal llamada Rebecca, estaba proporcionando la mayor parte del apoyo diario al equipo en ausencia de Vic. El supervisor de respaldo estaba disponible para guiar a Rebecca cuando fuera necesario y para encargarse de tareas administrativas importantes que no eran apropiadas para que Rebecca las realizara. Sin embargo, Rebecca era una empleada experimentada y sabía exactamente qué hacer para que las cosas funcionaran sin problemas.

Mientras Vic estaba fuera, Alex recibió una llamada de una empresa que solicitaba una presentación del Programa de Empleo Juvenil. El departamento de recursos humanos de la empresa quería saber cómo podía ayudarles el programa a contratar a jóvenes de la zona para unas prácticas de verano remuneradas.

El supervisor que cubría la unidad era un gran conocedor del programa, pero no le gustaban las presentaciones. Por lo tanto, Alex decidió pedirle a Rebecca que hiciera la presentación. Rebecca había realizado presentaciones anteriormente con excelentes resultados.

Alex llamó a Rebecca a su despacho y le comentó la petición de la empresa. Le explicó la importancia de la presentación y le pidió que la llevara a cabo por sus conocimientos, su excelente capacidad de presentación y su profesionalidad. Rebecca sonrió y le dijo a Alex que estaría encantada de ayudarla.

Cuando Rebecca salió del despacho, la secretaria de Alex se presentó inmediatamente y comentó: "Alex, ¿Qué le dijiste a Rebecca? Deberías haber visto su cara. Parecía tan feliz como que acababa de recibir un gran ascenso".

Lo que a Alex le pareció un simple encargo fue, en realidad, una importante forma de reconocimiento para Rebecca.

Programa del empleado del mes

Establezca un programa de empleado del mes y seleccione a un premiado cada mes. Puede mejorar el premio ofreciendo al ganador un lugar de estacionamiento reservado si los empleados no suelen tener uno. También puede añadir un certificado, un trofeo o una combinación de otros premios tangibles. Coloque una placa de empleado del mes en un lugar destacado, donde pueda mostrar los nombres y las fotos de los premiados mensualmente. Además de reconocer a los empleados, un premio al empleado del mes expuesto de forma destacada promueve un ambiente positivo.

Certificados

Entregue certificados de agradecimiento y reconocimiento. No los imprima en papel de copia normal. Tenga a mano papel para certificados, sellos, cintas y carpetas. Puede adquirirlos en cualquier tienda de suministros de oficina. No son costosos. Sin embargo, el aspecto y el tacto de un papel bonito para certificados puede aumentar la percepción de valor para el empleado. Invierta en los suministros necesarios para que el reconocimiento sea memorable.

Placas y trofeos de reconocimiento

Compre placas y trofeos de reconocimiento a los empleados. Los hay de varias formas y tamaños, desde los más sencillos hasta los más elaborados. Pueden convertirse en posesiones preciadas, sobre todo si llevan grabados el nombre del empleado y un mensaje personalizado.

Regalos de marca

Regale artículos promocionales con el logotipo de su organización y un mensaje inspirador. Vienen en forma de bolígrafos, tazas de café, abridores de cartas, pelotas antiestrés, cordones, loncheras, bolsas y mucho más.

Además de expresar su agradecimiento, estos regalos promueven la marca de su organización y refuerzan la identidad de los empleados como miembros valiosos de su organización.

Tarjetas de regalo

Si usted conoce bien a los empleados, puede darles una tarjeta de regalo para su tienda o local favorito. Puede tratarse de una cafetería, una casa de té, una tienda de jardinería, una tienda de artículos deportivos, un cine o cualquier otro establecimiento. Puede colocar la tarjeta regalo dentro de una tarjeta inspiradora, hacerla parte de una canasta de regalo temática o combinarla con un certificado o carta formal.

Premios en dinero y tiempo libre

Entregue un certificado o una carta firmada por su presidente, director u otro ejecutivo junto con un premio en efectivo o de tiempo libre. Una firma de la alta dirección añade valor al premio.

Bonificaciones monetarias

Ofrezca bonificaciones monetarias basadas en el rendimiento. Asegúrese de que los empleados sepan que han sido premiados en función de su rendimiento.

> **Consejo sobre la documentación:** Guarde en sus archivos copias de los reconocimientos otorgados a los empleados. Esta documentación le será útil cuando redacte sus evaluaciones de rendimiento.

Muro de reconocimiento temático

Dedique una pared entera para que los empleados se den las gracias unos a otros. Pueden hacerlo de igual a igual, de supervisor a empleado y de empleado a supervisor. Este muro encender el fuego de la gratitud en su oficina.

Para fomentar la participación de los empleados, hágalo de forma sencilla. Evite los requisitos burocráticos, los procesos de selección y otros procedimientos engorrosos. Si el proceso para utilizar el muro temático es complicado o se requiere la aprobación de la dirección, se desalentará la participación de los empleados.

Involucre a los empleados en la creación del tema y la decoración del muro. Pídales que desarrollen un proceso sencillo para utilizar el muro y anúncielo a los demás empleados. Seleccione periódicamente algunas de las notas de agradecimiento y compártalas en los boletines informativos, en las reuniones de personal, en los tablones de mensajes electrónicos dirigidos al público y a los empleados, y en otras vías divertidas. A medida que consiga que los empleados se entusiasmen con la idea de apreciar a los demás, empezará a ver un cambio de actitud con respecto a este tema.

Tablón de anuncios electrónico

Utilice los paneles de mensajes electrónicos para mostrar información interesante y novedosa a sus empleados y clientes cada día. Incluya citas inspiradoras y mensajes de agradecimiento para el equipo y las personas. Comparta actualizaciones sobre actividades, eventos, proyectos e iniciativas divertidas.

Celebre las victorias grandes y pequeñas, desde resultados notables de rendimiento hasta pequeños pasos de avance. Muestre fotos de los empleados en acción, trabajando duro, desempeñando un papel importante y divirtiéndose. Incorpore fotografías y gráficos creativos que llamen la atención y hagan que el tablón de anuncios electrónico sea entretenido y emocionante.

Comida de reconocimiento

Reconozca a los empleados con una comida sabrosa y saludable. La comida proporciona sustento. Cuando comparta el pan con los empleados, estará haciendo algo más que reconocerlos. Está compartiendo tiempo, hablando con ellos y estableciendo una conexión más fuerte. Les está diciendo: "Valoro pasar tiempo con ustedes". Puede llevar a los empleados a comer fuera o traer la comida a la oficina, siempre que el entorno sea adecuado y esté libre de distracciones.

Evento de reconocimiento a los empleados

Organice un acto de reconocimiento laboral para toda su unidad, oficina o división. Involucre a los empleados en el proceso de planificación. El acto puede ser tan sencillo como una comida al aire libre en la oficina o tan elaborado como un evento con servicio de comida fuera de la empresa. Sea creativo.

En resumen

El reconocimiento eficaz de los empleados es mucho más amplio que un programa formalizado y crea un ambiente de aprecio. Las investigaciones demuestran que el reconocimiento tiene un impacto positivo en la salud física y mental, la satisfacción, el compromiso y el bienestar general de los empleados. También influye en el rendimiento de la organización y en la satisfacción del cliente. Debido a estos beneficios el reconocimiento laboral no es opcional.

Como líder, usted es responsable de garantizar que los empleados sean reconocidos y apreciados por sus contribuciones en el lugar de trabajo.

Ponerlo en práctica

1. Pregunte a los empleados, en privado, cómo les gustaría que se les reconociera un rendimiento excepcional. Anótelo en su expediente de empleado, para poder consultarlo.
2. Compre tarjetas inspiradoras para utilizarlas como agradecimiento en el momento.
3. Desarrolle un plan de reconocimiento laboral e incluya varias formas de reconocerlos.
4. Involucre a los empleados en el desarrollo de un muro de reconocimiento. Pídales que seleccionen un tema, desarrollen procedimientos sencillos y corran la voz.

CAPÍTULO 10

LOS CUATRO PILARES DE LA RESPONSABILIDAD™

La responsabilidad no consiste en utilizar el palo para forzar a los empleados que cumplan con las expectativas de rendimiento.

L a **responsabilidad** no es algo de mala intención. Responsabilizar a los empleados es una forma de brindarles el apoyo.

Cuando se responsabiliza a sí mismo y a los empleados, está reforzando las expectativas, asegurándose de que tienen todas las herramientas que necesitan para tener éxito, y aplaudiéndoles cuando tienen éxito.

La responsabilidad no consiste en utilizar el palo para forzar a los empleados que cumplan con las expectativas de rendimiento. Adoptar este enfoque sólo conduce a una responsabilidad sin apoyo. Puede que se consigan los resultados de rendimiento deseados, pero a un precio muy alto para el empleado, usted, la organización y sus clientes.

Asimismo, operar con una completa falta de responsabilidad crea un entorno de trabajo reactivo, en el que usted está lidiando con el excesivo cambio de trabajo no planificado y el tráfico innecesario de clientes molestos, ya sea en persona, por teléfono o por vía electrónica. Es más eficiente responsabilizar a los empleados y trabajar en un entorno proactivo que enfrentarse a un caos innecesario.

Responsabilizar a los empleados requiere tiempo, energía y recursos. Sin embargo, dejar que los problemas se conviertan en disfunción requerirá mucho más trabajo por su parte. Puede requerir la intervención de otros, lo que no lo hace quedar bien como líder. También puede causarle estrés, ansiedad, noches sin dormir, su reputación e incluso su trabajo.

Una parte esencial de su papel como líder es conseguir que el trabajo se haga a través de otros. La responsabilidad aplicada en espíritu de solidaridad le ayudará a comprender las necesidades de apoyo de los empleados y ayudarles a cumplir las metas y los objetivos de rendimiento.

Los Cuatro Pilares de La Responsabilidad™

Los Cuatro Pilares de la Responsabilidad forman un marco que desarrollé como parte del Modelo de Liderazgo de la Responsabilidad Solidaria™. Este marco consta de cuatro principios:
1. Personas
2. Propósito
3. Productividad y rendimiento
4. Progresión

Personas

Las personas son importantes. Y punto.

Las personas son el recurso más importante de su organización. Ellas impulsan el rendimiento,[92] no la tecnología, los objetivos de rendimiento, la estrategia o cualquier otra cosa. Cuando promueva la responsabilidad, ayude a las personas a sentirse seguras, valoradas y atendidas.

Dirigir con responsabilidad solidaria. La responsabilidad solidaria puede ayudarlo a trabajar eficazmente con las personas. Es el más equilibrado y eficaz de los cuatro estilos del Modelo de Liderazgo de la Responsabilidad Solidaria.

Los líderes que gestionan el rendimiento con una responsabilidad solidaria se responsabilizan a sí mismos y a los empleados de la productividad, la calidad y el rendimiento. También proporcionan a los empleados el apoyo necesario para su éxito. Conocer a los empleados a nivel personal y establecer una relación sólida entre el supervisor y el empleado lo ayudará a descubrir las necesidades de apoyo.

Las personas necesitan equidad. Las personas necesitan sentir que son tratadas de forma justa en el lugar de trabajo, especialmente cuando se trata de la responsabilidad. Los empleados observan y evalúan las interacciones de los directivos y supervisores entre sí y con otros empleados. También comparten relatos sobre el trato que reciben de los directores y supervisores. Incluso si los relatos son exactos o no, influyen en la forma en que los empleados ven colectivamente la imparcialidad de su liderazgo y su organización.[93]

Los empleados reaccionan negativamente a la desigualdad. Los empleados reaccionan negativamente cuando sienten que los jefes o supervisores son injustos con sus compañeros de trabajo, independientemente de que sean o no amigos de ellos.[94] Sin embargo, cuando los empleados sienten que ellos mismos son víctimas de la injusticia, la reacción adversa es más fuerte.[95] La forma de gestionar las reacciones de los empleados servirá para disipar sus percepciones de injusticia o para reforzarlas. No se tome las reacciones de los empleados como algo personal; responda con amabilidad y compasión.

La desigualdad destruye la motivación de los empleados. La percepción de los empleados sobre la equidad en el lugar de trabajo es uno de los principales elementos que influyen en la satisfacción de estos. Un entorno de trabajo percibido por los empleados como justo promueve la satisfacción de los empleados y aumenta la moral, mientras que un lugar de trabajo percibido como desigual tiene un efecto perjudicial en la motivación y el bienestar de los empleados.[96] Cuando la desigualdad impregna el entorno, los empleados no están motivados para dar lo mejor de sí mismos en el trabajo.

La desigualdad enferma a los empleados. El nivel de equidad en el lugar de trabajo afecta al bienestar emocional, psicológico y físico de los empleados. Rigurosos estudios longitudinales han relacionado la desigualdad de los supervisores con ausencias por enfermedad certificadas médicamente, enfermedades coronarias y muertes cardiovasculares.[97]

La desigualdad perjudica a su organización. Las enfermedades de los empleados, el agotamiento y el estrés en el lugar de trabajo afectan considerablemente al rendimiento de la empresa. Cuando los empleados se enferman frecuentemente o acuden al trabajo en mala forma física y emocional, la productividad disminuye. También hay un impacto negativo en las relaciones interpersonales, la satisfacción del cliente y la calidad del trabajo.

Los empleados agotados, estresados y enfermos no son capaces de dar lo mejor de sí mismos en el trabajo, aunque lo deseen. En consecuencia, un entorno laboral injusto y poco saludable sufrirá una pérdida de talento, ya que los empleados buscarán mejores lugares para trabajar.

Usted desempeña un papel crucial. Como gerente o supervisor, usted desempeña un papel crucial en la formación de las actitudes de los empleados sobre su lugar de trabajo, y esto incluye las percepciones de los empleados sobre la equidad. Las investigaciones demuestran que el supervisor directo influye en las opiniones de los empleados sobre la imparcialidad en el lugar de trabajo mucho más que la propia organización.[98] La falta de equidad en las interacciones entre supervisores y empleados tiene un impacto más significativo en el agotamiento de los empleados y en el estrés laboral que la relacionada con la distribución de resultados, derechos y recursos.[99]

Estos hallazgos acentúan la notable influencia que usted ejerce en la percepción de la equidad en el lugar de trabajo. Para que su organización cuente con una fuerza de trabajo vibrante y productiva, es primordial que continuamente desarrolle y fortalezca sus habilidades de liderazgo para promover la objetividad durante el proceso de responsabilidad.

Propósito

El objetivo de la responsabilidad no es castigar, sino crear un entorno de trabajo propicio en el que los empleados puedan prosperar e impulsar su rendimiento. En este sentido, el propósito de la responsabilidad es hacer avanzar la visión de su organización, centrarse en la consecución de sus objetivos, capacitar a los empleados para que actúen y dar cuenta de los progresos y resultados.

Avanzar en la visión. Exprese continuamente la visión y cómo el trabajo que hacen colectivamente marca la diferencia. Esto ayuda a los empleados a ver el propósito de su trabajo, en lugar de centrarse simplemente en una lista de obligaciones y tareas.

Enfocarse en lo importante. La responsabilidad lo ayuda a usted y a los empleados a tener claros los objetivos del equipo y la forma en que estos objetivos promueven el bien común de la organización. A menudo, nuestro entorno de trabajo tiene tantas metas y objetivos que resultan abrumadores. La responsabilidad nos ayuda a priorizar nuestros objetivos, a desarrollar una estrategia para alcanzarlos y a enfocarnos en lo que más importa.

Empoderar a los empleados en su rendimiento. En la responsabilidad solidaria, su papel es preparar a los empleados para el éxito y capacitarlos para que asuman la responsabilidad. El resto depende de ellos.

Responsabilidad por el progreso y los resultados. Una relación sana entre el supervisor y el empleado requiere que ambos compartan sobre el progreso y los resultados. Como líder, usted proporciona una actualización sobre el estado de los recursos críticos que el empleado necesita para tener éxito. Del mismo modo, los empleados explican sus progresos para alcanzar los objetivos de productividad, calidad y rendimiento. Esto requiere de honestidad, transparencia y apoyo mutuo.

Productividad y Rendimiento

La responsabilidad se centra en la productividad y el rendimiento y garantiza que todos contribuyan al éxito de la organización.

Centrarse en el rendimiento aumenta la moral. El trabajo que los empleados de bajo rendimiento dejan atrás, ya sea por ausencias, retrasos, falta de productividad o incompetencia, tiene que ser completado por otra persona. Del mismo modo, el cliente descontento que no ha sido atendido por un empleado de bajo rendimiento tendrá que ser atendido por alguien. Ese alguien es muy probablemente un empleado productivo y de alto rendimiento, que completa el trabajo de otros como su "recompensa".

Si usted transfiere constantemente el trabajo inacabado o de baja calidad de los empleados sin responsabilizarlos, creará un entorno que desmotiva a los que trabajan duro. Además, sus mejores empleados empezarán a buscar un lugar mejor para trabajar.

Arreglar los problemas de rendimiento es lo más adecuado para los empleados que están logrando resultados y para los que tienen dificultades y necesitan su apoyo para mejorar.

No se comprometa. Mientras avanza rendimiento, no comprometa su integridad ni su ética. Es igualmente importante evitar cualquier indicio de compromiso. Es mejor sacar a la luz un mal rendimiento y tener la satisfacción de mejorarlo de la manera correcta que perder la reputación, el sueño, el trabajo o incluso la libertad por actividades inapropiadas. Además, recuerde que las personas son importantes. No sacrifique la salud, la seguridad y el bienestar de las personas en aras del rendimiento.

Progresión

La responsabilidad solidaria requiere la progresión, el acto de avanzar a través de la mejora continua hasta alcanzar los objetivos de rendimiento. Cuando los empleados van bien, implica catapultar el rendimiento a niveles superiores. Cuando los empleados tienen dificultades, la progresión es el acto de avanzar para ayudar a los empleados a cumplir las expectativas.

El plan de mejora del rendimiento. El plan de mejora del rendimiento (*Performance Improvement Plan*, PIP por sus siglas en inglés) es una herramienta que puede utilizarse durante la progresión. Es un plan escrito que establece los pasos necesarios para que un empleado mejore su rendimiento. Describe el apoyo y la responsabilidad que el empleado necesita para tener éxito. También documenta el apoyo que usted ya ha proporcionado.

Cómo y cuándo utilizar el PIP para la mejora del rendimiento depende de las políticas, el enfoque y la filosofía de los recursos humanos de su organización.

Los elementos básicos de un PIP. El formato de un PIP varía de una organización a otra. Sin embargo, suele contener algunos elementos básicos.

- **Fechas de inicio y finalización del PIP:** La duración de un PIP puede variar, dependiendo de las circunstancias específicas. He utilizado incrementos de 30, 60 y 90 días o más, dependiendo de una variedad de factores. Sin embargo, sé que algunas organizaciones usan períodos más largos.
- **Áreas de rendimiento que necesitan mejorar:** Anote las áreas de rendimiento más amplias en las que el empleado no ha cumplido las expectativas.
- **Expectativas y estándares de rendimiento:** Indique las expectativas de desempeño y los estándares que el empleado

no ha cumplido. Si estas expectativas están por escrito, cite los documentos fuente.
- **Ejemplos del rendimiento insuficiente:** Proporcione ejemplos específicos y concretos de desempeño que no se haya cumplido de acuerdo con las expectativas y estándares que se comunicaron. Enumere las fechas en las que ocurrieron los problemas de rendimiento, así como la formación, la retroalimentación y el apoyo proporcionados.
- **Objetivos del PIP:** Identifique los objetivos específicos que el empleado debe alcanzar durante el PIP para cumplir las expectativas y los estándares. Asegúrese de que estos objetivos sean medibles para poder cuantificar el progreso. Los objetivos deben estar en consonancia con las expectativas y los estándares de rendimiento que necesitan ser mejorados.
- **Monitoreo:** Explique el método y la frecuencia que utilizará para medir el progreso de los empleados en el cumplimiento de los objetivos del PIP.
- **Retroalimentación:** Indique la frecuencia con la que usted y el empleado se reunirán para discutir el progreso del empleado en la consecución de los objetivos del PIP. Establezca el calendario de reuniones. Personalmente, prefiero las reuniones semanales porque ayudan al empleado a mantener la concentración, recibir apoyo y lograr el éxito.
- **Apoyo:** Identifique el apoyo específico que proporcionará al empleado para lograr el éxito.
- **Consecuencias de no alcanzar los objetivos del PIP:** Aclare cuáles serán las consecuencias si el empleado no cumple los objetivos establecidos al final del PIP.

El lenguaje y los formatos del PIP varían mucho de una organización a otra. Busque la orientación de su director o de recursos humanos a la hora de aplicar el PIP. Ellos, a su vez, pueden consultar con el asesor jurídico, las relaciones laborales, la gestión de riesgos u otros departamentos apropiados para mitigar el riesgo.

Vic implementa un PIP

Mary había completado la formación en línea de dos horas, y Vic la alentó a aplicar lo que había aprendido. Vic ya se había reunido con Mary en varias ocasiones y le había recalcado que sus problemas de atención al cliente no podían continuar. Incluso le había entregado documentación escrita de sus dos últimas conversaciones. Pero las cosas no mejoraron.

Desde entonces, Mary había recibido varias encuestas negativas de satisfacción del cliente. Después de cada una de ellas, Vic había consultado con Alex y con RRHH y había proporcionado a Mary una respuesta inmediata. También había documentado todo, tal y como le habían aconsejado. Había dedicado numerosas horas a este asunto, pero el servicio de atención al cliente de Mary seguía sin mejorar.

Después de consultar con Alex y el director de RRHH, Vic puso en marcha un PIP de 30 días para ayudar a Mary a tener éxito. Este período de 30 días era el plazo que el director de RRHH había utilizado anteriormente con otro supervisor para un empleado que había tenido problemas similares con el servicio al cliente.

El director recalcó que se esperaba que Vic proporcionara un amplio apoyo para garantizar que Mary tuviera la mejor oportunidad de tener éxito en su PIP. Vic sabía que esto requeriría mucho tiempo y energía, pero necesitaba desesperadamente que esta pesadilla terminara. Ya había durado demasiado.

El director y Alex aprobaron el siguiente PIP:

Fechas de inicio y finalización del PIP: Del 7 de agosto al 7 de septiembre

Áreas de rendimiento que necesitan mejorar: Servicio al cliente

Expectativas y estándares de rendimiento: Según las Expectativas de Servicio al Cliente de Empleo Juvenil de YouthZone:

o   *Satisfacción del cliente:* Alcanzar una calificación promedio de satisfacción del cliente de 4 o más en todas las áreas que se miden.

o   *Prevención de quejas de los clientes:* No recibir ninguna queja válida de los clientes.

Ejemplos del rendimiento insuficiente: Vic enumeró ejemplos de cómo Mary no había cumplido las expectativas. Estos incluyeron fechas e incidentes específicos, y los datos de los Informes de Satisfacción del Cliente de Mary.

Objetivos del PIP: Semanalmente cumplir con los siguientes estándares de servicio al cliente:

o   *Satisfacción del cliente:* Alcanzar una calificación promedio de satisfacción del cliente de 4 o superior en todas las áreas de satisfacción del cliente medidas.

o   *Prevención de quejas de los clientes:* Recibir cero quejas válidas de los clientes.

Monitoreo: Vic lo haría semanalmente.

o   Imprimir una copia del informe mensual de satisfacción del cliente de Mary correspondiente a la semana

o   Utilizar una herramienta de encuesta para realizar cinco encuestas telefónicas aleatorias sobre la satisfacción de los clientes que Mary atendió durante la semana o   Llevar un registro de las felicitaciones y quejas verbales de los clientes durante la semana.

Retroalimentación: Vic y Mary se reunirían todos los viernes a las 15:00 horas para hablar de su progreso y de sus necesidades de apoyo.

Apoyo: Vic proporcionaría el siguiente apoyo:

o   Programa de Asistencia al Empleado

o   Formación inicial de dos horas en materia de atención al cliente durante la primera semana del PIP

o   Formación semanal de una hora en línea durante las tres semanas restantes del PIP

o   Reducción de la carga de trabajo para que Mary pueda participar en la formación

o   Proporcionar a Mary un diario en el que pueda tomar notas durante la formación, reflexionar sobre sí misma y registrar cómo ha aplicado lo aprendido en sus interacciones con los clientes

Consecuencias del incumplimiento de los estándares: Si Mary no cumple con los estándares de atención al cliente para el final del PIP, puede dar lugar a una acción disciplinaria.

En resumen

Los Cuatro Pilares de la Responsabilidad consisten en los siguientes principios que promueven la responsabilidad de los supervisores y los empleados para que logren un buen rendimiento:

1. **Personas** – Las personas son lo más importante; hay que equilibrar la responsabilidad con el apoyo.
2. **Propósito** – El propósito de la responsabilidad es crear un entorno de trabajo de apoyo en el que las personas puedan prosperar e impulsar el rendimiento.

3. **Productividad y rendimiento** – Centrarse en el rendimiento.
4. **Progresión** – Progresar hasta alcanzar el resultado deseado.

Estos principios lo ayudarán a lograr la responsabilidad solidaria para mejorar el rendimiento.

Ponerlo en práctica

1. **Personas** – Aumente la percepción de equidad de los empleados en el proceso de responsabilidad. Cuando el rendimiento no esté a la altura, ayude al empleado a sentirse seguro, valorado y atendido. Hable con el empleado y pregúntele qué necesita para tener éxito.
2. **Propósito** – Muestre y enfatice de forma destacada la misión y la visión de su organización, aprovechando cualquier material de marca creado por la misma. Aclare continuamente las metas, los objetivos y las expectativas.
3. **Productividad y rendimiento** – Cuando los empleados no tengan un buen rendimiento, no transfiera su trabajo a otros; hágalos responsables.
4. **Progresión** – Si se encuentra atrapado en un ciclo interminable de aclaración de expectativas y conversaciones sin ver mejora, ha llegado el momento de progresar. El problema no se corregirá por sí mismo y pronto se sentirá frustrado. Busque la orientación de su jefe y de recursos humanos.

CAPÍTULO 11

EL APOYO A TRAVÉS DE LA DISCIPLINA PROGRESIVA

El objetivo de la disciplina progresiva es mejorar el rendimiento y promover un gran ambiente de trabajo.

La disciplina progresiva es una herramienta para ayudar a los empleados a mejorar su rendimiento y comportamiento mediante niveles progresivos de enseñanza, **responsabilidad** y **apoyo**.

Aplique la disciplina progresiva con espíritu de apoyo. El objetivo es ayudar a los empleados a mejorar su rendimiento. Sin embargo, los empleados a menudo encuentran el proceso incómodo, ya que recibir opiniones no es fácil cuando uno no está cumpliendo las expectativas.

El objetivo de la disciplina progresiva es mejorar el rendimiento y promover un gran ambiente de trabajo en el que los empleados estén contentos y comprometidos con el éxito de su organización.

Para lograr este objetivo, apoye a los empleados tan pronto como surjan dificultades de rendimiento o de comportamiento. Esto les dará la oportunidad de corregir los problemas en el nivel más bajo posible. Sin embargo, cuando el rendimiento no mejore, es necesario que evalúe la necesidad de progresar a través de los distintos niveles de disciplina.

Los resultados finales del PIP de Mary

Era la segunda semana de septiembre y el PIP de Mary había terminado la semana anterior. Vic ya se había reunido con ella para revisar los resultados de la última semana del PIP. Hoy, tras consultar con Alex y el director de RRHH, Vic se reunía con Mary para analizar los resultados finales del PIP de 30 días.

Esto es lo que Vic compartió con Mary: Durante las cinco semanas del PIP de Mary, cumplió la norma de no recibir ninguna queja válida de los clientes el 80% del tiempo. Cumplió la norma de lograr una calificación promedio de satisfacción del cliente de 4 o más en todas las áreas calificadas el 60% de las veces. Aunque Mary no alcanzó el 100% de los dos objetivos, los resultados mostraron que se estaba esforzando por mejorar. Recibió quejas durante su primera semana en el PIP, pero no en las semanas siguientes. Además, aunque no cumplió los requisitos de satisfacción del cliente durante sus dos primeras semanas en el PIP, los cumplió en las tres últimas.

Semana	Fecha de la Reunión	¿Norma Cumplida?: Cero Quejas Válidas	¿Norma Cumplida?: Valoración Promedio de la Satisfacción de los Clientes de 4 o Más en Todas las Áreas Medidas
1	11 de Agosto	N	N
2	18 de Agosto	S	N
3	25 de Agosto	S	S
4	1 de Septiembre	S	S
5	7 de Septiembre	S	S
	RESUMEN:	Norma cumplida 80% (4 de 5) de las semanas en PIP	Norma cumplida 60% (3 de 5) semanas en PIP

Mary sinceramente intentaba mejorar. A instancias de Alex y del director de RRHH, Vic comunicó a Mary que el PIP se prorrogaría otros 30 días para que tuviera más tiempo de cumplir las normas.

Al final del segundo periodo de 30 días, Mary cumplió con las expectativas en cada semana del PIP y evitó la disciplina. No sólo dejaron de llegar las quejas, sino que Vic recibió algunos elogios extraños pero bienvenidos sobre Mary durante sus encuestas telefónicas. Un joven dijo: "Antes tenía miedo de llamar a Mary. Pero esta vez, fue una persona diferente". Otro joven explicó: "Mary fue tan amable y servicial la última vez que la llamé. Me pareció raro. Pero me alegro". Vic compartió estos comentarios con Mary para mostrarle que sus clientes estaban notando la mejora.

El PIP le había llevado mucho tiempo a Vic, pero los resultados habían valido completamente la pena. Había invertido una gran cantidad de tiempo en aclarar las expectativas, supervisar el progreso y proporcionar retroalimentación y apoyo. Pero ahora Mary estaba en el buen camino. Alex ya no llamaba a Vic a su despacho para atender sus quejas. Ahora podía dedicar más tiempo a lo que le gustaba hacer: dirigir a su equipo para que fuera el mejor.

La historia de Mary terminó bien. Alex y Vic lograron el objetivo principal de la responsabilidad solidaria: proporcionar el apoyo y la responsabilidad para ayudar a Mary a tener éxito. Sin embargo, podría haber terminado de otra manera.

Dos finales alternativos

Había otros dos finales posibles.

En el primero, Mary podría haber descubierto a lo largo del proceso que el puesto de especialista en empleo juvenil no era una buena opción para ella y pasar voluntariamente a otro trabajo. Tanto si este puesto era en YouthZone como fuera de la organización, habría sido un "ganar-ganar" para Vic, Mary y YouthZone.

En el segundo, Mary habría seguido teniendo un bajo rendimiento a pesar del amplio apoyo prestado, y Vic habría seguido el camino de la disciplina con la orientación de Alex y el director de recursos humanos. La disciplina nunca fue el objetivo, pero habría sido necesaria para apoyar a los clientes, a otros empleados y a la organización.

Cinco niveles de disciplina progresiva

Los niveles de disciplina progresiva varían de una organización a otra. Sin embargo, estos son los cinco niveles más utilizados:

1. Advertencia verbal
2. Advertencia escrita
3. Suspensión
4. Descenso de puesto
5. Despido

Algunas organizaciones tienen menos niveles que los enumerados anteriormente. Otras tienen más. Algunas tienen diferentes nombres para sus niveles. Sin embargo, todos forman parte del proceso de disciplina progresiva. Su organización tiene lenguaje, normas, políticas, procedimientos y protocolos específicos sobre la disciplina progresiva.

Descubra cómo su organización administra este proceso. Pida a su gerente o a los expertos en recursos humanos que le indiquen las políticas oficiales y la formación acerca de la disciplina de su organización. Este conocimiento le será muy beneficioso a lo largo de su carrera de liderazgo.

La naturaleza progresiva de la disciplina

Independientemente de los niveles de disciplina que utilice su organización, el proceso suele ser progresivo. Su objetivo es que el empleado mejore su rendimiento o su comportamiento sin necesidad de recurrir a la disciplina. Sin embargo, si el empleado no mejora en los primeros niveles, es posible que tenga que progresar según corresponda.

A pesar del nombre, no siempre se progresa a través de los niveles de disciplina. A veces es necesario repetir un nivel o aplicar uno inferior al anterior. Este puede ser el caso cuando ha surgido un nuevo tipo de problema o ha transcurrido demasiado tiempo entre sucesos similares. Por otro lado, si el incidente es grave, como en el caso del robo, la violencia o la intoxicación en el trabajo, los niveles inferiores pueden omitirse por completo, y el incidente puede conducir al despido. Esto dependerá de la política de su organización, del impacto del problema y de otros factores; también requerirá una evaluación exhaustiva e imparcial, un buen juicio y el apoyo de su jefe y de un experto en recursos humanos.

No existe una receta sencilla

No hay una receta sencilla para la disciplina progresiva.

La disciplina progresiva efectiva requiere la recopilación de todos los hechos pertinentes, usar un juicio sólido para evaluar la información y buscar el asesoramiento de las personas clave de su organización, que generalmente son su gerente y experto en recursos humanos.

Cuando comencé mi carrera de liderazgo hace más de dos décadas, quería un libro de cocina sencillo con recetas fáciles de seguir que mi equipo directivo pudiera aplicar en todas las situaciones. Como no pude encontrar uno, traté de crearlo. A medida que mi equipo abordaba diferentes escenarios de mejora del desempeño, documentaba los pasos que dábamos con la esperanza de poder replicarlos la próxima vez. No me tomó mucho tiempo darme cuenta de que estaba perdiendo el tiempo. En cada caso, había muchas variables que impactaban el curso de acción apropiado. Rápidamente me di cuenta de que nunca desarrollaría un libro de cocina de disciplina progresista que cubriera todas las recetas necesarias.

Yo guardé mi libro de cocina y enfoqué mis energías en comprender a las personas y lo que las inspira, desarrolla y prepara para lograr la excelencia. También desarrollé experiencia en las políticas, procedimientos y filosofía de mi organización con respecto a la disciplina progresiva. Estas prácticas evolucionaron con cambios en los roles, el liderazgo, los expertos en recursos humanos y las condiciones ambientales. Con el tiempo, enseñé a gerentes y supervisores cómo aplicar el proceso disciplinario progresivo caso por caso, siempre comenzando por recopilar los hechos.

Recopilación de datos

Si determina que un empleado tiene problemas de rendimiento, de servicio al cliente o de comportamiento, empiece por reunir y evaluar los hechos pertinentes.

Busque asesoramiento

Incluso si usted es un gerente o supervisor experimentado, busque asesoramiento.

No dé por sentado que, por haber manejado casos similares en el pasado, está seguro de utilizar el mismo enfoque. Cada situación es diferente. Las circunstancias específicas del problema pueden ser diferentes, el clima organizativo puede haber cambiado, o puede haber otros matices que influyan en el enfoque necesario. Aproveche sus recursos. Busque la orientación de su jefe directo, su experto en recursos humanos u otros expertos antes de mantener cualquier conversación con los empleados. Nunca lo haga solo.

Actúe de inmediato

En cuanto identifique problemas de rendimiento, no tarde en tomar medidas. Cuanto antes los aborde, más fácil será corregirlos al mínimo esfuerzo. Si espera, la cuestión se agravará y se convertirá en un problema mucho mayor que requerirá más tiempo, energía y recursos.

Descubra la verdad

Para determinar el nivel adecuado de disciplina, o si es necesario aplicar alguna, hay que actuar con equidad y justicia descubriendo la verdad.

Sin suposiciones

No comience con suposiciones sobre los motivos, las intenciones o las acciones de las personas. Aborde cada incidente y cada problema caso por caso y obtenga todos los hechos.

Es más fácil decirlo que hacerlo. Muchos creemos que somos abiertos, justos y objetivos. Sin embargo, es posible que, sin saberlo, tengamos prejuicios relacionados con muchos factores, incluidas las ideas preconcebidas sobre las personas basadas en su comportamiento o historia anterior. Permitir que estos prejuicios empañen nuestra perspectiva interferirá con el descubrimiento de la verdad. Las suposiciones, ya sean positivas o negativas, obstaculizan nuestra capacidad de actuar con equidad y justicia.

Antes de empezar a tratar los problemas y los incidentes, empiece sin suposiciones. Obtenga primero todos los hechos y solicite la ayuda de su jefe o de recursos humanos. Obtener su apoyo y perspectiva puede ayudarlo a mantener la integridad del proceso, tratar a los empleados con equidad y promover la responsabilidad solidaria.

Revisar los datos de rendimiento

Cuando se aborden los problemas de rendimiento, hay que recopilar y revisar los datos e informes de rendimiento adecuados.

Siempre hay una historia detrás de los números; los datos no se sostienen por sí solos. Analícelos a la luz de los factores atenuantes y las circunstancias que puedan haber influido en el rendimiento. Descubra la historia que hay detrás de los números.

Realización de entrevistas de investigación

Si el asunto tiene que ver con un presunto incidente, entreviste a la persona que lo denunció inicialmente lo antes posible. No se demore en captar la versión de los hechos de la persona. Con cada día que pasa, la persona puede olvidar o confundir detalles y hechos que pueden ser importantes para determinar magnitud y validez del incidente.

Mientras la persona relata la información sobre el incidente, mantenga la neutralidad en sus expresiones faciales, en su lenguaje corporal, en la forma en que formula sus preguntas y en cómo responde a la versión de los hechos de la persona. Escuche atentamente y haga preguntas para comprender el panorama general. Reúna detalles y aclare la información. Tenga cuidado de no dar a entender que está de acuerdo o en desacuerdo con la perspectiva de la persona.

Concluya la entrevista asegurando a la persona que atenderá la preocupación, pero que no podrá proporcionar información sobre cómo la resolvió porque es confidencial. Pídale a la persona que le informe inmediatamente si surgen incidentes similares en el futuro para que usted pueda abordarlos. De este modo, gestionará las expectativas de la persona. Antes de finalizar la entrevista, avise al empleado de que debe mantener la confidencialidad de la conversación.

Si hay otras partes o testigos implicados, entrevístelos lo antes posible siguiendo la misma metodología.

Documentar inmediatamente

Documente la información recopilada inmediatamente después de cada entrevista. Cuanto más tarde en documentar una entrevista, más probable será que olvide hechos importantes. Si es necesario aplicar una disciplina progresiva en el futuro, se necesitará una documentación sólida para respaldarla. Incluso si el incidente no da lugar a medidas disciplinarias, archive la documentación.

Si surgen otros problemas relacionados con el mismo empleado, esta documentación también le permitirá evaluar si se justifica la adopción de medidas disciplinarias y, en caso afirmativo, a qué nivel. También servirá para identificar patrones, en caso de que existan.

> **Consejo sobre la documentación:** Archive copias de los informes de rendimiento y de las notas de las conversaciones en el expediente del empleado.

Derechos de los trabajadores a la representación sindical

Los empleados tienen derecho a la representación sindical durante las entrevistas para una investigación en el lugar de trabajo. Estos son conocidos en Estados Unidos como Derechos Weingarten (Weingarten Rights) y forman parte de la legislación laboral estadounidense. No vamos a entrar en los detalles de los Derechos Weingarten ni en cómo aplicarlos, ya que la ley es compleja y yo no soy abogada. La aplicación de la ley en su lugar de trabajo depende de muchos factores.

Sin embargo, cuando realice entrevistas de investigación para abordar incidentes o problemas, tenga en cuenta estos derechos y consulte con su jefe y con recursos humanos antes de proceder. Los recursos humanos suelen consultar a los asesores jurídicos, a los de relaciones laborales o a otros expertos, según sea necesario. Buscar orientación es fundamental para evitar que se violen involuntariamente los derechos de los empleados.

Factores para determinar el nivel de disciplina

Una vez que la investigación haya concluido y haya reunido todos los hechos pertinentes revise la documentación. Investigue y evalúe los siguientes factores, ya que su jefe y recursos humanos necesitarán la información para determinar el nivel de disciplina:

Validez del incidente

¿Tiene documentación que valide que el incidente ocurrió? No recomiende medidas disciplinarias si no puede comprobar que el incidente es válido.

Incumplimiento de políticas, procedimientos, reglas o expectativas por parte del empleado

¿Tiene documentación que demuestre que el empleado ha incumplido alguna política, procedimiento, norma o expectativa? En caso afirmativo, ¿cuáles y en qué medida?

Conocimiento de las políticas, procedimientos, reglas o expectativas por parte del empleado

¿Tiene documentación que demuestre que el empleado ya ha sido informado de dichas políticas, procedimientos, normas o expectativas?

Circunstancias atenuantes

¿Existen circunstancias atenuantes que hayan podido afectar a la capacidad del empleado para cumplir las expectativas? Por ejemplo, problemas de salud crónicos o temporales, problemas personales, falta de conocimientos, falta de formación, falta de recursos, etc.

Apoyo

¿Tiene documentación que demuestre que ha proporcionado el apoyo adecuado? ¿Tiene pruebas que el empleado tuvo la orientación, las herramientas, la formación y los recursos adecuados para cumplir las políticas, los procedimientos, las normas o las expectativas?

Si hubo factores atenuantes, ¿tiene documentación de que proporcionó al empleado un nivel de apoyo razonable?

Rendimiento pasado e historial de disciplina

¿Cuánto tiempo lleva el empleado en su empresa u organización? ¿Qué tipo de rendimiento pasado revela el historial del empleado? ¿El rendimiento del empleado en el pasado ha sido estelar, está en los niveles esperados o está por debajo de las expectativas? ¿Hay documentación sobre problemas de rendimiento o medidas disciplinarias anteriores?

En caso afirmativo, ¿Cuántos incidentes están documentados? ¿Hace cuánto tiempo ocurrieron? ¿A qué nivel?

Si el empleado tiene registrados problemas de rendimiento o medidas disciplinarias anteriores, ¿los incidentes están relacionados o son similares al problema actual o son cuestiones totalmente diferentes?

La gravedad del problema o incidente

Si el problema o incidente fue validado, ¿Qué tan grave fue? ¿Supuso un riesgo para la salud, la seguridad y el bienestar de las personas? ¿Supuso un riesgo de muerte, lesión o pérdida de bienes? ¿El problema o incidente puso a la organización en riesgo de sufrir consecuencias legales, pérdidas financieras, resultados de auditorías, exposición negativa a los medios de comunicación u otras consecuencias? ¿Hubo un impacto negativo como resultado del problema o incidente?

En caso afirmativo, ¿Cuál fue?

Las respuestas a estas preguntas son vitales para que las personas designadas de su organización determinen si se requiere la disciplina y a cuál nivel. Dependiendo de los requisitos de su organización, puede haber otras preguntas a las que deba responder. Pida a su jefe o a recursos humanos que le aclaren su papel en este proceso.

Avanzando con disciplina

Presente un resumen de sus hallazgos a su jefe y a recursos humanos. Este resumen debe incluir información sobre el incidente, los hechos que usted reunió y los factores clave que evaluó. Adjunte la documentación pertinente.

Esta información le proporcionará a su jefe o a recursos humanos un resumen breve y de alto nivel que puedan leer rápidamente, así como los detalles necesarios para que decidan el nivel de disciplina.

> **Consejo sobre la documentación:** Archive copias del resumen y de la documentación en el expediente del empleado. Incluya copias de todos los correos electrónicos y correspondencia asociada a su gerente y a recursos humanos.

Unas palabras de advertencia

En mis más de dos décadas de experiencia en la gestión del rendimiento, he visto a muchos líderes de diversos niveles organizacionales cometer el mismo error. Trabajan intensamente con sus empleados, tratando de ayudarlos a mejorar su rendimiento. Algunos incluso llegan a tener reuniones semanales informales en profundidad con el empleado para proporcionarle apoyo, pero no las documentan.

El problema surge cuando estos líderes no involucran a su jefe y al experto en recursos humanos en las primeras fases del proceso, y el rendimiento no mejora. Piden apoyo cuando están tan metidos en el problema que se sienten frustrados y desesperados. Muchos se desaniman al descubrir que todo su trabajo ha sido en vano. Tienen que volver a empezar desde el principio porque no han progresado, no han documentado o no han hecho ambas cosas. Esto no sólo es frustrante para el supervisor, el director y los recursos humanos, sino que es una pérdida de tiempo, energía y dinero.

Mantenga a su gerente y a recursos humanos informados tan pronto como surjan los problemas. Esto facilitará su trabajo y le evitará el estrés innecesario.

En resumen

La disciplina progresiva es una herramienta para ayudar a los empleados a mejorar su rendimiento y comportamiento mediante niveles progresivos de enseñanza, corrección y apoyo.

No hay una fórmula sencilla para la aplicación de disciplina. Una disciplina progresiva eficaz requiere que usted reúna y evalúe todos los hechos pertinentes y recomiende un nivel si es apropiado. Este proceso puede requerir que usted u otra persona de su organización realice entrevistas de investigación. Los empleados tienen derecho a la representación sindical durante este tipo de entrevistas, y el incumplimiento de estos derechos supone un riesgo para usted y su organización. Por lo tanto, es primordial que consulte a su director y a recursos humanos cuando trabaje con los empleados para ayudarles a mejorar su rendimiento.

Ponerlo en práctica

1. Familiarícese con las políticas, los procedimientos y el enfoque de disciplina progresiva de su organización.
2. Consulte con su gerente y con recursos humanos antes de aplicar la disciplina progresiva.
3. Documente todas sus acciones.

CAPÍTULO 12

EL CASO DE LA DOCUMENTACIÓN

La documentación aplicada con un espíritu de responsabilidad solidaria promueve un enfoque equilibrado para ayudar al empleado a tener éxito.

Si la palabra **"documentación"** parece redundante a lo largo de este libro, lo es. Esta redundancia es intencional.

Probablemente haya escuchado la frase "Documentar. Documentar. Documentar". Esta redundancia enfatiza la importancia de la documentación en el proceso de la gestión del rendimiento.

El propósito de la documentación

Muchos líderes ven la documentación como la construcción de un caso para la acción disciplinaria. A menudo he escuchado a los líderes decir: "Lo estoy documentando" o "La estoy documentando". Este lenguaje indica que la documentación "se le está haciendo" al empleado con el objetivo de lograr la disciplina. Este enfoque no está alineado con la responsabilidad solidaria.

Aunque la documentación puede justificar la disciplina, no es el objetivo principal. La disciplina debe ser el último recurso en la gestión del rendimiento, no el primero. La documentación aplicada con el espíritu de la responsabilidad solidaria promueve un enfoque equilibrado para ayudar al empleado a tener éxito.

Una base para la evaluación del rendimiento

Cuando se hace de forma eficaz, la documentación le proporciona una base firme desde la que puede redactar evaluaciones precisas, completas y justas del desempeño. Si documenta sistemáticamente las actividades de los otros seis elementos de la gestión eficaz del rendimiento—expectativas, monitoreo, retroalimentación, apoyo, reconocimiento y responsabilidad—redactar la evaluación del rendimiento del empleado le resultará mucho más fácil. Por otro lado, tener grandes deficiencias en la documentación o carecer por completo de ella implica el riesgo de basar la evaluación únicamente en lo que pueda recordar. Desafortunadamente, su memoria de incidentes recientes o aislados puede sesgar su percepción del desempeño general del empleado.

Una documentación inadecuada e incompleta obstaculiza su capacidad para redactar evaluaciones de rendimiento justas, imparciales y completas. Esto se trata de un asunto serio, ya que las evaluaciones del rendimiento pasan a formar parte del expediente del empleado. Los empleados suelen depender de sus evaluaciones de rendimiento para competir por ascensos, recibir aumentos y bonificaciones, conseguir nuevos puestos de trabajo o asegurar otras recompensas. Registrar el rendimiento de los empleados de forma precisa y completa no es opcional.

Como líder, usted tiene la responsabilidad de hacer lo correcto para cada empleado. Tener una documentación sólida en la que basar la evaluación del rendimiento lo ayudará a hacerlo.

Justifica la acción disciplinaria

Una documentación eficaz orienta y justifica las decisiones relacionadas con las medidas disciplinarias. El objetivo de la documentación no es disciplinar a los empleados, y la mayoría de ellos no necesitarán ser disciplinados para alcanzar los objetivos de rendimiento o corregir las deficiencias. En muchos casos el éxito puede lograrse mediante un enfoque positivo y de colaboración. Sin embargo, cuando la disciplina es necesaria, una documentación sólida lo ayudará a captar y evaluar los factores clave para determinar el nivel adecuado. Lo ayudará a garantizar que sus acciones sean objetivas, justas y equitativas, basadas en hechos y no en sentimientos u opiniones. Si se prepara con buen criterio y con el asesoramiento de los expertos adecuados, la documentación respaldará sus acciones.

Recuerde que los empleados tienen derechos. Si apelan o se quejan de las medidas disciplinarias que usted ha recomendado o aplicado, debe estar preparado para presentar su documentación de apoyo como prueba de que sus acciones estaban justificadas.

Si no tiene la documentación organizada antes de que se aplique la medida disciplinaria, podrá encontrarse haciendo un esfuerzo frenético después del hecho para reunir los registros necesarios. Esto no sólo es estresante, sino que puede ser perjudicial para su reputación y su carrera.

Mitiga el riesgo

Por muy diligente que sea, no hay garantías de que usted o su organización no se vean expuestos a quejas, reclamaciones o demandas como resultado de las acciones de personal que haya tomado en su función de liderazgo. Sin embargo, puede mitigar significativamente este riesgo actuando de forma objetiva, justa, equitativa y legal; buscando la orientación de su jefe, de recursos humanos y de otros expertos; y documentando todas las conversaciones, acciones y decisiones cruciales. Esta documentación se convierte en la prueba que tendrá que presentar.

Mejores prácticas en la documentación

La documentación puede ser un proceso laborioso y agotador cuando se trata de un empleado con grandes problemas de comportamiento o rendimiento. He aquí algunas de las mejores prácticas que pueden ayudar a aliviar la carga:

Documentar logros y dificultades

La documentación eficaz no se centra únicamente en lo negativo. Proporciona un registro continuo, completo, preciso y objetivo. Una documentación sólida incluye los éxitos y las dificultades del empleado, así como el apoyo y la responsabilidad.

Documentar lo suficiente

No documente demasiado. No documente demasiado poco. Documente lo suficiente.

Cuando se proporciona retroalimentación con un espíritu de responsabilidad solidaria, se mantienen tantas conversaciones informales que es poco práctico, ineficaz e innecesario documentarlas todas. Al mismo tiempo, es vital mantener registros escritos de las conversaciones cruciales. La cantidad de notas que usted tome puede variar en función de sus preferencias, de su habilidad para tomar notas y de la capacidad de su memoria. Si es muy hábil y tiene una memoria aguda, puede anotar algunas pocas palabras durante la conversación y utilizarlas para escribir sus notas después. Si no está seguro de recordar toda la información material, tomar más notas le ayudara.

Documentar para un total desconocido

No documente sólo para usted. Documente para un total desconocido, alguien que no conozca y que no esté familiarizado con su personal, productos, procesos y servicios. Un tercero neutral, que no tiene historial ni antecedentes en relación con el empleado o su lugar de trabajo, puede leer algún día su documentación para determinar si sus acciones fueron justificadas. Documente para que esta persona pueda entender claramente los hechos y el fundamento de sus acciones.

Documentar de forma objetiva

Documente sólo los hechos. Utilice un lenguaje objetivo y no incluya opiniones, especulaciones o suposiciones. Documente las conductas, acciones y declaraciones específicas del empleado, así como las suyas propias. Firme y ponga la fecha en toda la documentación para capturar la cronología de los hechos e indicar que usted es el autor.

Documentar inmediatamente

La documentación debe hacerse inmediatamente.

En cuanto termine la conversación, escriba sus notas para que sean precisas, completas, concisas y legibles. Registre la conversación el mismo día en que se produjo o, como máximo, al día siguiente. Si deja pasar más tiempo, corre el riesgo de olvidar información importante o recordar incorrectamente los detalles.

La documentación incompleta e inexacta afecta a su credibilidad y puede ponerlo a usted y a su organización en peligro, en caso de que el empleado presente una denuncia, una queja o una demanda.

Documentar con pulcritud

Si tiene talento para tomar notas, tiene una letra legible y sus notas preliminares pueden ser suficientes para dar una imagen clara a una persona neutral, no es necesario que las traslade a la computadora. Firme, coloque la fecha y archívelas.

Sin embargo, algunos de nosotros no estamos tan dotados. O bien captamos algunas palabras aquí y allá, o tenemos una letra ilegible, o ambas cosas. Por lo tanto, debemos mecanografiar nuestras notas para que un tercero neutral pueda entenderlas.

Simplemente documentar

El mayor problema con el que se encuentran muchos gerentes y supervisores con la documentación no es cómo documentan; es el hecho de que no lo hacen.

He visto a gerentes y supervisores trabajar duro para ayudar a los empleados, pero no documentar. Muchos se han sentido frustrados por el tiempo y la energía que han dedicado a un empleado sin conseguir un avance. Sin la documentación adecuada, no pudieron progresar. Sin progresión, los empleados no mejoraron su rendimiento ni su comportamiento. Algunos líderes se dieron por vencidos y se conformaron con un rendimiento mediocre; otros experimentaron las consecuencias negativas de su ineficacia en la gestión del rendimiento de los empleados.

No espere a que algo vaya mal para empezar a documentar. Documente continuamente.

Encuentre su estilo

La documentación no tiene que ser agobiante. Puede documentar utilizando varios formatos. La clave para minimizar la carga es utilizar un método que funcione para usted. La forma de documentar puede variar en función de sus preferencias personales, las expectativas de su jefe, la orientación profesional de su organización, las herramientas de que disponga y otros factores.

Ejemplos de formatos para la documentación

A continuación, se presentan algunos ejemplos de formatos que puede utilizar para facilitar el proceso de documentación.

Plantilla de notas de conversación

Usted puede crear una plantilla de notas de conversación. Esta plantilla le proporcionará un formato coherente, que ayudará a un tercero neutral a seguir su registro escrito. También agilizará su proceso de documentación.

Incluya los siguientes elementos en su plantilla para promover una pista de auditoría sólida:

- **Encabezado** – El encabezado contiene el tema de la conversación, el nombre del empleado y la fecha y hora de la conversación. Ayuda a todos a identificar rápidamente el contenido del documento y resultará útil cuando tenga que revisar la documentación para apoyar el proceso de disciplina progresiva.
- **Sección de notas** – Esta es una sección en blanco en la que puede describir la conversación.
- **Sección de firmas** – La sección de firmas proporciona un espacio para que usted firme y coloque la fecha en el documento. Debajo de su firma, escriba su nombre y apellido, su título y el nombre de su organización. Esta información lo identifica como autor de las notas. Al utilizar el bloque de firma completo, usted está proporcionando un testimonio escrito de los eventos y la conversación. Su organización podrá utilizar sus notas para respaldar las evaluaciones de rendimiento y la disciplina progresiva incluso después de que usted se haya marchado.
- **Pie de página** – El pie de página es necesario para los documentos que tienen varias páginas y contiene el número de página y el número total de páginas del documento. Si el documento es de una sola página, el pie de página no es necesario.

> **Consejo sobre la documentación:** Para un ejemplo, consulte el Apéndice K - Plantilla de notas de conversación. Puede crear una versión personalizada para satisfacer sus necesidades. Archive copias de las notas de conversación en el expediente del empleado.

Cuaderno de documentación

Algunas conversaciones no requieren documentación formal. Entre ellas se encuentran las reuniones informales y las reuniones de verificación de estado en las que se proporcionan información e instrucciones rutinarias. En estos casos, puede registrar la conversación en un cuaderno para futuras referencias. También puede utilizar un cuaderno para documentar las conversaciones de retroalimentación y las entrevistas de investigación si es capaz de tomar notas completas, precisas y legibles a mano. Sin embargo, si usted utiliza un cuaderno para registrar conversaciones, esté atento a proteger la información del acceso no autorizado.

Resumen por correo electrónico

También puede documentar los incidentes y las conversaciones enviando un correo electrónico de resumen a su jefe y al experto en recursos humanos.

Este correo electrónico tiene dos propósitos. En primer lugar, proporciona información a su jefe y a recursos humanos sobre el evento o la conversación. En segundo lugar, es una forma rápida y sencilla de documentar. Como los correos electrónicos ya contienen la fecha y el nombre del remitente, no es necesario firmarlos ni colocarle la fecha, a menos que el protocolo de su organización lo exija.

Tenga en cuenta que la transmisión de información delicada por correo electrónico requiere una seguridad de red adecuada. Su gerente y los recursos humanos pueden proporcionarle información sobre las políticas y procedimientos de seguridad informática de su organización. Si se le permite utilizar el correo electrónico para documentar el rendimiento, conserve una copia en el expediente del empleado.

Registro manual de eventos

Un registro de eventos es un documento manual o electrónico de funcionamiento continuo en el que se pueden registrar los eventos y las conversaciones a medida que se producen. Su registro manual de eventos puede ser tan simple como una hoja de papel en la que introduce la fecha, la hora y una breve descripción de los incidentes, conversaciones o eventos.

> **Consejo sobre la documentación:** Si utiliza el Apéndice L - Registro manual de eventos, firme y coloque la fecha en cada entrada que realice. El apéndice proporciona un ejemplo de cómo hacerlo.

Registro electrónico de eventos

Aunque puede llevar un registro manual, es mejor utilizar un registro electrónico de eventos. Guárdelo en un lugar seguro de su red informática. Incorpore los siguientes elementos en su registro electrónico de eventos:

- **Encabezado** – La cabecera en funcionamiento identifica el documento como el registro de eventos de un empleado en particular. Ejemplo: "Registro de Eventos para (Nombre del Empleado)".
- **Sección de comentarios** – Esta es el área en blanco del documento donde puede escribir la fecha, la hora y un resumen del incidente, evento o conversación. También puede introducir su nombre.
- **Sección de firma** – Al final de la página (no en el pie de página), añada una sección de firma que contenga las palabras "Preparado por", un lugar para su firma, su nombre impreso y su título.

- **Pie de página** – Dado que el registro de eventos es un documento continuo, puede incluir varias páginas. Por lo tanto, añada un pie de página que contenga el número de página y el número total de páginas del documento.

> **Consejo sobre la documentación:** Consulte el Apéndice M - Registro electrónico de eventos. Puede mantener este registro en sus archivos electrónicos. También puede imprimir, firmar y transmitir este registro según sea necesario. Compruebe con su jefe y con el experto en recursos humanos si su organización acepta las firmas electrónicas para no tener que imprimirlo.

El Kit de documentación del rendimiento

Para facilitar el proceso de documentación, he desarrollado el *Kit de documentación del rendimiento*. Antes de usar las herramientas, busque el asesoramiento de expertos de su organización para minimizar el riesgo.

Este conjunto fue diseñado para organizaciones estadounidenses. Por favor determine su aplicabilidad en otros países.

Aquí puede descargar su copia gratuita:
https://LeadershipStrength.com/kit-de-documentacion

Capacitar a otros líderes en la documentación

Proporcione a los líderes que supervisan varias muestras de formatos de documentación y permítales la libertad de utilizar lo que les funcione. Motívelos a personalizar las muestras siempre que proporcionen la información adecuada para fundamentar las decisiones y cumplir con los requisitos de su organización.

Documentar con integridad

Independientemente del formato que utilice, la integridad de su documentación es primordial. Asegúrese de que sea precisa, completa y legible. Revise sus notas antes de imprimirlas, firmarlas, colocarles la fecha y archivarlas. Si necesita presentar documentación que no existe para un incidente antiguo, no escriba sus notas ahora y las ponga en fecha anterior. Sea honesto y haga saber al solicitante que no ha documentado el evento o la conversación. A continuación, describa los hechos o la conversación lo mejor que recuerde, destacando que la información se basa en la memoria. No haga nada que ponga en duda su integridad, ya que puede afectar a la credibilidad de su documentación y a su reputación.

Organizarse

Establezca un sistema de organización fácil de usar para mantener los registros de sus empleados. Si su sistema de archivo es demasiado laborioso o complicado, lo más probable es que no archive su documentación, y esto puede llevar al desastre. Tener un sistema sencillo y bien organizado le permitirá archivar y recuperar su documentación rápidamente, lo que algún día puede protegerlo a usted o a su organización.

Utilice categorías estandarizadas para organizar y recuperar fácilmente los documentos. He aquí algunos ejemplos para empezar:

- Asistencia y puntualidad
- Monitoreo
- Conferencias y retroalimentación
- Reconocimiento

- Formación
- Expectativas
- Otros

Puede utilizar estas categorías o crear otras. También puede determinar el orden de las categorías que más le convenga. Lo importante es clasificar la documentación para poder acceder a ella rápidamente cuando la necesite.

Si usted se encuentra con que tiene que documentar extensamente los eventos de un empleado en particular debido a problemas de asistencia, rendimiento o comportamiento, puede que tenga que cambiar sus categorías por completo. Por ejemplo, puede clasificar por incidentes, problemas o áreas de rendimiento, dependiendo de la naturaleza y el volumen de la documentación. Tendrá que decidir qué es lo que mejor funciona en su situación.

Sistema de archivo en papel

Para un sistema de archivo en papel, utilice una carpeta para cada empleado y una denominación coherente para todas sus carpetas. Por ejemplo: Apellido, Nombre o Nombre, Apellido. Utilice pestañas para separar las categorías. Puede organizarlas por orden de frecuencia de uso, con las menos utilizadas en la parte inferior y las más frecuentes en la parte superior. También puede ordenarlas por orden alfabético. Sea cual sea la disposición que utilice, sea coherente con todos los archivos de los empleados para facilitar y agilizar su uso.

Sistema de archivo electrónico

Para un sistema de archivado electrónico, cree una estructura que utilice carpetas y subcarpetas para mantener las categorías ordenadas. Al igual que con el sistema en papel, hay que ser coherente con las convenciones de nomenclatura y categorización.

Sistema de archivo híbrido

También puede utilizar un sistema de archivo híbrido que combine carpetas y archivos electrónicos y en papel. Sin embargo, lo mejor es aprovechar la tecnología al máximo. Es el enfoque más ecológico, eficiente y rentable para la gestión de archivos. Cuando almacena sus archivos electrónicos en la red segura de su empresa, puede recuperarlos desde cualquier computadora que tenga conectividad y acceso. Si se configura correctamente, cuando se traslade de una oficina a otra dentro de la misma organización debido a traslados internos de la oficina, transferencias laterales o ascensos, no tendrá que ocuparse de los archivos en papel. Asimismo, cuando llegue la fecha de destrucción de los documentos, podrá hacerlo electrónicamente, lo que requiere mucho menos tiempo y trabajo que la destrucción física. Si su organización cuenta con sólidas políticas de seguridad de los registros electrónicos y las sigue, un sistema electrónico protege sus registros más que los archivos en papel.

Proteja su documentación

Como supervisor, se le confía información confidencial y sensible. Proteja su documentación del acceso no autorizado. Guarde los documentos físicos bajo llave y mantenga los registros electrónicos en un entorno de red seguro. Su organización tendrá políticas, procedimientos y protocolos específicos para proteger la información sensible y confidencial. Conózcalos y adhiérase a ellos.

Políticas y procedimientos de recursos humanos

Como gerente o supervisor, desarrolle un sólido conocimiento de las políticas, los procedimientos y los protocolos de documentación de su organización. Busque la orientación de su supervisor directo y de los expertos en recursos humanos para cumplir estas expectativas.

Puede llegar un momento en el que necesite su documentación para apelaciones, reclamaciones, audiencias y demandas. No siempre necesitará utilizar su documentación para este tipo de eventos. A menudo sus registros serán rutinarios y acumularán polvo, hasta que llegue el momento de purgarlos de acuerdo con las políticas de retención y destrucción de documentos de su organización. Sin embargo, si llega el momento en que necesita justificar sus acciones, estará listo para demostrar su diligencia.

Mantener una documentación sólida puede ser agotador. Sin embargo, estas prácticas de documentación pueden ayudar a aligerar la carga.

En resumen

La documentación no es un lujo; es una parte obligatoria y crucial de su trabajo como gerente o supervisor. Una documentación eficaz sirve de prueba en el proceso de gestión del rendimiento. Proporciona una base sólida para realizar evaluaciones de rendimiento justas, objetivas y precisas; apoya las medidas disciplinarias cuando son necesarias; y mitiga el riesgo para usted y para la organización.

Ponerlo en práctica

Organícese para que la documentación sea eficaz:
1. Averigüe las políticas y procedimientos de su organización para la documentación de la gestión del rendimiento.
2. Decida el tipo de sistema de organización para los archivos de sus empleados: en papel, electrónico o híbrido.
3. Por coherencia, determine qué categorías necesitará para cada carpeta de empleado.
4. Determine cómo protegerá su documentación.

CAPÍTULO 13

APLICACIÓN PRÁCTICA

Un liderazgo eficaz es primordial para crear un entorno de apoyo que involucra a los empleados y promueve un buen rendimiento.

El Modelo de Liderazgo de la Responsabilidad Solidaria™ no es un método estereotipado. Es un marco sencillo, pero poderoso, que le ayudará a involucrar a los empleados, a individualizar su enfoque y a mejorar el rendimiento. El núcleo del modelo es la responsabilidad solidaria, un equilibrio entre el apoyo y la responsabilidad que impulsa un buen rendimiento.

Los Cuatro Estilos de Liderazgo de la responsabilidad solidaria™

El modelo enmarca la gestión del rendimiento utilizando cuatro estilos básicos de liderazgo: responsabilidad sin apoyo, apoyo sin responsabilidad, evasión total y responsabilidad solidaria.

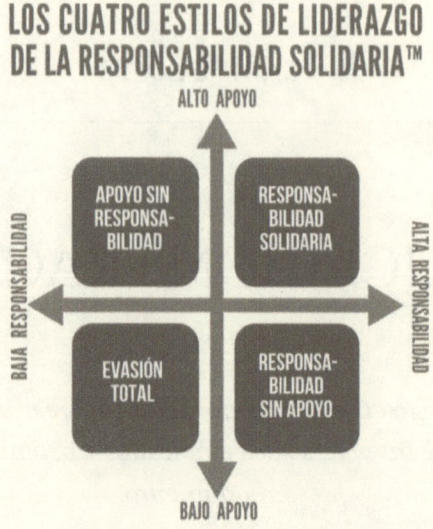

La responsabilidad solidaria es el estilo más eficaz de los cuatro y se caracteriza por un alto nivel de apoyo complementado por un alto nivel de responsabilidad. Los líderes eficaces evalúan cada situación y proporcionan la cantidad adecuada de apoyo y responsabilidad en función de las necesidades de cada empleado, los hechos en cuestión, las condiciones del entorno y otros factores.

Siete elementos de la gestión del rendimiento eficaz

Los líderes que aprovechan efectivamente la responsabilidad solidaria utilizan los siguientes siete elementos: expectativas, monitoreo, retroalimentación, apoyo, reconocimiento, responsabilidad y documentación.

**LIDERAZGO DE LA
RESPONSABILIDAD SOLIDARIA™**

Aplicación de los siete elementos

He aquí algunos ejemplos de cómo puede aplicar los siete elementos con los empleados nuevos, con los de buen rendimiento y con los que tienen dificultades.

Nuevo empleado

- **Expectativas:** Dirija una reunión de presentación individual con el nuevo empleado. Entregue y revise el conjunto de expectativas. Averigüe lo que el empleado necesita y espera de usted. Tenga en cuenta que el empleado puede estar nervioso. Aproveche la primera reunión para romper el hielo, establecer una relación y hacer que el empleado se sienta cómodo. Hágale saber que su objetivo es proporcionarle el apoyo que necesita para tener éxito.
- **Apoyo:** Tenga una lista de comprobación del equipo, las herramientas y los suministros que necesitará el nuevo

empleado y proporciónéselos al llegar. Desarrolle e implemente inmediatamente un plan de formación para que el empleado domine su función. Compruebe con frecuencia que el empleado dispone de los recursos necesarios para alcanzar el éxito.

- **Monitoreo:** Establezca un plan de monitoreo para el nuevo empleado para asegurarse de que está midiendo, observando y revisando su desempeño. El empleado está en un proceso de aprendizaje. Sea paciente al principio mientras él se adapta a su nuevo entorno y función.
- **Retroalimentación:** Considere la posibilidad de realizar conferencias quincenales con el nuevo empleado durante sus primeros meses en el puesto, ya que estará en un proceso de aprendizaje. Puede reducir la frecuencia a mensual a medida que disminuya su necesidad de orientación. Utilice estas conferencias para enseñar, crear confianza y establecer una sólida relación entre el supervisor y el empleado. El enfoque que adopte al proporcionar la retroalimentación inicial sentará las bases de la relación entre el supervisor y el empleado. Haga que sea positiva.
- **Reconocimiento:** Durante su fase inicial de aprendizaje, el nuevo empleado necesita que se le reconozca y se le felicite por sus progresos en el aprendizaje de su nueva función. Todavía está tratando de entender su entorno, su relación con usted y lo bien que lo está haciendo. Busque oportunidades para reconocer el progreso y el rendimiento de forma significativa.
- **Responsabilidad:** Gestione el rendimiento con un espíritu de responsabilidad solidaria. Proporciónele lo que necesita para lograr sus objetivos. El papel de él es utilizar su apoyo

y orientación para cumplir las expectativas de rendimiento.
- **Documentación:** Documente desde el principio. El Capítulo 13 ofrece varias plantillas que pueden facilitar la documentación.

Empleado con un buen rendimiento

- **Expectativas**: Comparta el conjunto de expectativas al menos una vez al año con todo su equipo. Refuerce las expectativas para el empleado individual mediante retroalimentación positiva y el reconocimiento del empleado.
- **Monitoreo**: Continúe monitoreando el rendimiento de los empleados con buen desempeño. Dado que el empleado está teniendo un buen rendimiento, la frecuencia del monitoreo puede ser mensual.
- **Retroalimentación:** Mantenga conferencias individuales programadas regularmente con el empleado. Cuando asigne una nueva función o proyecto al empleado, programe reuniones de comprobación del estado para proporcionarle información, apoyo y orientación. Ofrezca abundante retroalimentación sobre. Es fácil descuidar a los empleados con un buen rendimiento porque suelen hacer el trabajo sin intervención. Sin embargo, continúe involucrándolos y ofreciéndoles un entorno de trabajo motivador.
- **Apoyo:** Siga consultando a los empleados con buen rendimiento acerca de sus necesidades de apoyo. El hecho de que los empleados lo hagan bien no significa que tengan todo lo que necesitan. Algunos empleados de alto rendimiento

pueden tener un buen desempeño incluso sin los recursos adecuados, pero pueden experimentar frustración.
- **Reconocimiento:** Recompense al empleado por su excepcional rendimiento. Proporcione elogios frecuentes por un trabajo bien hecho. Considere la posibilidad de dar un reconocimiento formal.
- **Responsabilidad:** Responsabilice al empleado de cumplir los objetivos de rendimiento. Hágase responsable de proporcionar apoyo.
- **Documentación:** Documente.

Empleado con dificultades

- **Expectativas:** Cuando un empleado tenga dificultades, aclare las expectativas pertinentes durante una conversación individual y bidireccional. Asegúrese de que el empleado comprende las expectativas y de que usted entiende lo que el empleado necesita de usted.
- **Monitoreo:** Aumente la frecuencia del monitoreo en las áreas en las que el empleado tiene dificultades. Esto lo ayudará a prepararse para las conversaciones de retroalimentación y a identificar posibles necesidades de apoyo. Siga monitoreando otras áreas vitales.
- **Retroalimentación:** Realice conversaciones con el empleado para mejorar su rendimiento. Si es posible, discuta la mejora del rendimiento fuera de la conferencia individual recurrente. Prepárese para estas conversaciones utilizando el Apéndice J - Plan de Conversación sobre la Mejora del Rendimiento.
- **Apoyo:** Durante sus conversaciones sobre las opiniones, pregunte al empleado qué necesita para tener éxito. Algunos empleados pueden no darse cuenta de lo que necesitan;

por lo tanto, realice una evaluación. ¿Tiene el empleado las herramientas, el equipo, los suministros y la formación adecuados? ¿Sabe cómo acceder a los recursos e información esenciales? ¿Necesita el empleado recursos para superar una adicción, una necesidad de salud mental, violencia doméstica, discapacidad, una lesión en el lugar de trabajo u otra situación delicada? Abordar las necesidades de apoyo del empleado es vital para ayudarlo a conseguir el éxito.

- **Reconocimiento**: Aunque el empleado tenga problemas en un área, puede estar haciéndolo bien en otra. No tenga miedo de reconocérselo y elogiarlo por lo que está haciendo bien. El reconocimiento es también una forma de apoyo. Este reconocimiento positivo podría proporcionarle el impulso emocional necesario para ayudarle a superar sus retos.
- **Responsabilidad**: Si es necesario, utilice la disciplina progresiva con el asesoramiento de recursos humanos u otras personas clave de su organización.
- **Documentación**: Documente.

Una relación sólida entre el supervisor y el empleado es la clave

Una relación sólida entre el supervisor y el empleado es la base del Modelo de Liderazgo de la Responsabilidad Solidaria. Esta relación es la forma más importante de apoyo que puede proporcionar a cada empleado. Puede establecerla y fomentarla utilizando tres pilares: la confianza, la comunicación eficaz y el empoderamiento.

El liderazgo eficaz es primordial para crear un entorno de apoyo que compromete a los empleados y promueve un buen rendimiento.

El Liderazgo de la Responsabilidad Solidaria no es una cuestión de la personalidad; tiene que ver con el enfoque. La responsabilidad solidaria es una habilidad que se puede aprender y refinar. Como líder, usted puede elegir gestionar el rendimiento con un espíritu de responsabilidad solidaria. Esta elección tendrá un impacto significativo en su lugar de trabajo, en las personas que dirige y en el tipo de rendimiento que inspirará.

UNA SOLICITUD AMISTOSA

Gracias por leer este libro. Espero que lo haya disfrutado. Apreciaría mucho que me diera una reseña honesta de este libro en: https://LeadershipStrength.com/resena.

Sólo le llevará un par de minutos de su tiempo, y puede hacerlo de forma anónima.

Su opinión es importante y apoya el trabajo que hago para fomentar grandes lugares de trabajo y mejorar el rendimiento. Gracias por su tiempo.

Con respeto,
Sylvia Melena

SOBRE LA AUTORA

SYLVIA MELENA es una autora internacional galardonada y *bestseller*. También es la directora general de Melena Consulting Group, una empresa de consultoría y capacitación de liderazgo y gestión. Su filosofía de liderazgo ha sido presentada en Society of Human Resources Management *HR Today*, Human Performance Association, LEADx, Entrepreneur, My Quest for the Best y otros medios.

Sylvia tiene un Máster en Liderazgo y Estudios Organizacionales y más de veinte años de experiencia en gestión. Su trabajo ha impactado a miles de líderes en cinco continentes.

https://LeadershipStrength.com.

- Capacitación y desarrollo en liderazgo y gestión
- Conferencias en liderazgo y gestión
- Evaluaciones e informes de liderazgo
- Coaching y capacitación en libros de no ficción

RECURSOS GRATUITOS EN INGLÉS Y ESPAÑOL

Miniguía de evaluación del rendimiento

Guía rápida de los estilos de liderazgo de DISC

Más información:
https://LeadershipStrength.com/recursos-gratuitos

LIBROS DE SYLVIA MELENA

Véalos aquí:
https://www.amazon.com/author/sylviamelena

APÉNDICES

Notas:
- Las herramientas, cifras, datos, preguntas y respuestas que siguen son sólo para fines ilustrativos.
- No son recomendaciones.

APÉNDICE A
Confirmación de recepción

Reconozco que he recibido una copia de las siguientes políticas, procedimientos y expectativas; que mi supervisor las ha revisado conmigo; que se me ha dado la oportunidad de hacer preguntas; y que las entiendo.

    Manual del Empleado de YouthZone con fecha 00/00/00.
    Política de Asistencia de YouthZone con fecha 00/00/00.
    Expectativas de Servicio al Cliente de YouthZone con fecha 00/00/00.
    Expectativas de Rendimiento del Programa de Empleo Juvenil con fecha 00/00/00.

_____   _____
Firma del Empleado   Fecha

Apéndice B
Informe mensual de rendimiento del programa

Informe Mensual de Rendimiento del Programa

Programa de Empleo Juvenil
Informe Mensual de Rendimiento del Programa

Unidad No.	Colocado en 30	Total Colocados	% Colocado en 30 Días	# Empleos Retenidos a los 90 Días	# a 90 días de la Colocación	% Cumplido 90 días de Retención
Unidad 10	44	49	90%	40	53	75%
Unidad 20	43	50	86%	35	49	71%
Unidad 30	48	52	92%	42	52	81%
Unidad 40	42	48	88%	40	51	78%
Unidad 50	41	49	84%	34	50	68%
Acumulado	218	248	88%	191	255	75%
			OBJETIVO: 90%		OBJETIVO:	75%

Notas:
Vic supervisa la Unidad 30.
Los datos de esta tabla son sólo a título ilustrativo. Las cifras se han seleccionado de forma arbitraria. No son puntos de referencia recomendados ni cifras reales.

Apéndice C
Informe mensual de rendimiento de la unidad

Programa de Empleo Juvenil
Informe Mensual de Rendimiento de la Unidad

Unidad: 30
Supervisor: Vic C.
Mes del Informe: Mayo 0000

Unidad No.	Coloca-do en 30	Total Coloca-do	% Co-locado en 30 Días	# Empleos Retenidos a los 90 Días	# a 90 Días de la Colo-cación	% Cumplido 90 Días Retención
31	6	7	86%	6	8	75%
32	7	8	88%	6	8	75%
33	6	6	100%	6	7	86%
34	8	9	89%	6	8	75%
35	7	7	100%	6	7	86%
36	6	7	86%	6	7	86%
37	8	8	100%	6	7	86%
Acumulado	48	52	92%	42	52	81%
		OBJETIVO:	90%		OBJETIVO:	75%

Apéndice D
Informe de tendencias de rendimiento de los empleados

Programa de Empleo Juvenil
Informe Sobre la Tendencia del Rendimiento de los Empleados
Mes: Mayo 0000   Consejero: 37   Nombre del Consejero: Mary J.

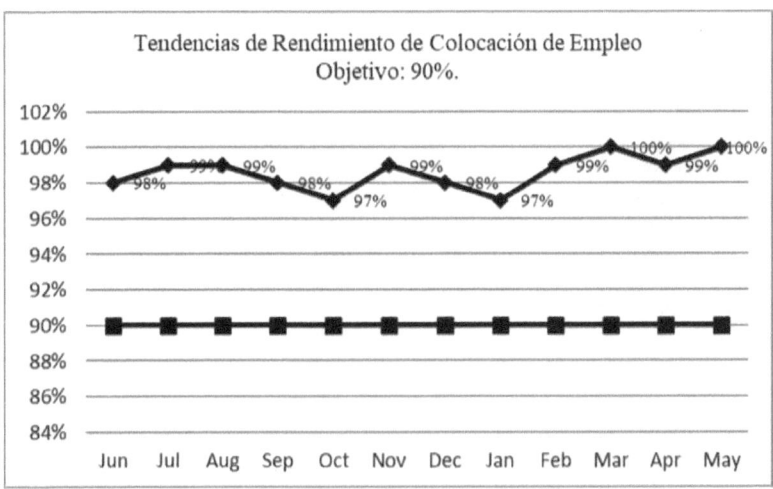

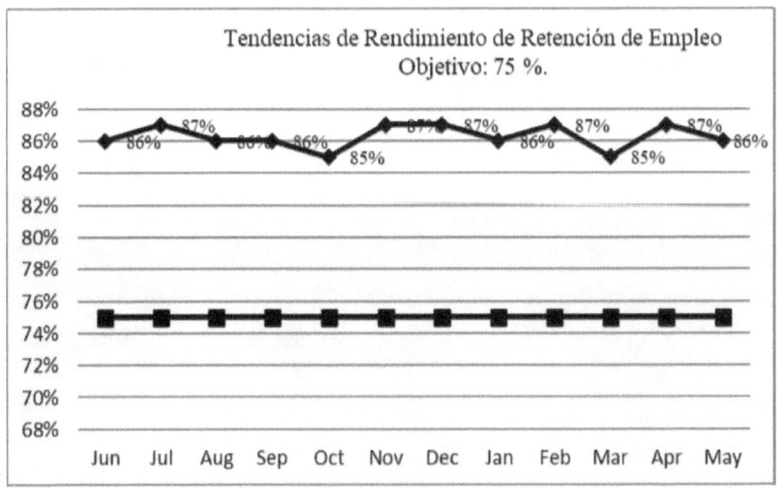

Apéndice E
Encuesta de satisfacción del cliente

Estimado Participante de YouthZone:

Valoramos su opinión y nos esforzamos por servirle con excelencia. Por favor, tómese unos minutos para contarnos su experiencia con nosotros. Esta información será utilizada para mejorar nuestros servicios.

Fecha actual: _____

Fecha en que recibió el servicio: _____

Nombre de la persona que le atendió (si se conoce): _____

Califique su experiencia. Para cada una de las cuatro afirmaciones siguientes, marque con una "x" la casilla que mejor describa su conformidad con dicha afirmación.

		1	2	3	4	5
1	Me trataron con profesionalidad.					
2	Me atendieron a tiempo.					
3	Recibí respuestas a todas mis pregun-					
4	Recibí toda la ayuda que necesitaba.					

En el siguiente espacio, cuéntenos más sobre su experiencia:

Nombre: _____ Número de Teléfono: _____

Desea que nos pongamos en contacto con usted para contarle su experiencia (marque una opción):   Si   No

Apéndice F
Informe de satisfacción del cliente de la unidad

Programa de Empleo Juvenil
Informe de Satisfacción del Cliente de la Unidad
Fecha del Informe: 00/00/00
Periodo del Informe: 00/00/00 - 00/00/00

Unidad: 30
Supervisor: Vic C.
Mes del Informe: Mayo 0000

Consejero	Profesionalidad	Puntualidad	Capacidad de Respuesta	Asistencia
31	4.0	4.5	4.3	4.3
32	5.0	4.8	5.0	5.0
33	4.8	4.9	4.7	4.8
34	5.0	5.0	4.9	5.0
35	4.6	4.3	4.0	4.0
36	4.0	4.5	4.3	4.4
37	2.6	4.6	3.8	4.0
Promedio	**4.3**	**4.7**	**4.4**	**4.5**
Objetivo	**4.0**	**4.0**	**4.0**	**4.0**

Apéndice G
Informe de satisfacción del cliente del empleado

Programa de Empleo Juvenil
Informe de Satisfacción de los Empleados
Fecha del Informe: 00/00/00
Periodo del Informe: 00/00/00 - 00/00/00

Número de Consejero: 37   Nombre del Consejero: Mary J.

Calificaciones:

Encuesta #	Profesionalidad:	Puntualidad	Capacidad de	Asistencia
1	4.0	4	4	4
2	1	5	3	3
3	3	5	4	5
4	2	4	4	4
5	3	5	4	4
Promedio	**2.6**	**4.6**	**3.8**	**4.0**
Objetivo	**4.0**	**4.0**	**4.0**	**4.0**

Comentarios:

Encuesta #	Comentarios
1	**Comentarios:** Mary fue genial. Me consiguió un trabajo muy rápido.
2	**Comentarios:** Me ayudaron rápidamente, pero me sentí apurado. Ella sólo quería sacarme de la oficina. No me escuchó e hizo comentarios groseros. **Llamada Telefónica Recibida:** Si
3	**Comentarios:** Ninguno
4	**Comentarios:** Ninguno
5	**Comentarios:** Ninguno

Apéndice H
Herramienta para la observación de la interacción con el cliente

Fecha de Observación: _____
Observación # _____
Nombre del Empleado: _____
Tipo de Interacción con el Cliente: _____

Criterios Observados	¿Se han Cumplido los Criterios?			Sección de Comentarios
Puntualidad	Sí	No	N/D	Comentarios
El consejero saludó al cliente a la hora de inicio de la cita.				
Primeras Impresiones	Sí	No	N/D	Comentarios
El consejero iba vestido de forma profesional.				
El consejero sonrió.				
El consejero saludó al cliente de forma amable.				
Verificación de la Identidad y de la Información de Contacto	Sí	No	N/D	Comentarios
El consejero verificó la identidad de los jóvenes utilizando tres datos.				
El consejero confirmó la dirección actual, el número de teléfono y la dirección de correo electrónico.				
Interacción	Sí	No	N/D	Comentarios
El consejero utilizó un tono de voz respetuoso.				
El consejero utilizó un lenguaje corporal respetuoso.				
El consejero utilizó un lenguaje verbal respetuoso.				
El consejero escuchó al cliente.				
El consejero hizo preguntas aclaratorias, solo si era necesario.				
El consejero respondió adecuadamente a las preguntas y preocupaciones del cliente.				
El consejero demostró tener los conocimientos al proporcionar información.				
Resolución del Problema	Sí	No	N/D	Comentarios
El consejero ha resuelto el problema del cliente, ha tomado las medidas oportunas o ha remitido al cliente al recurso adecuado.				

Nombre del Revisor en Letras de Imprenta: _____

Firma: _____ Fecha: _____

Apéndice I
Informe de resumen de observaciones

Fecha: _____
Nombre del Empleado: _____

Criterios Observados	¿Se han Cumplido los			Sección de Comentarios
	Sí	No	N/D	
Puntualidad	#1	#2	#3	Comentarios
El consejero saludó al cliente a la hora de inicio de la cita.				
Primeras Impresiones	#1	#2	#3	Comentarios
El consejero iba vestido de forma profesional.				
El consejero sonrió.				
El consejero saludó al cliente de forma ama-				
Verificación de la Identidad y de la Infor-	#1	#2	#3	Comentarios
El consejero verificó la identidad de los jóve-				
El consejero confirmó la dirección actual, el				
Interacción	#1	#2	#3	Comentarios
El consejero utilizó un tono de voz respetuo-				
El consejero utilizó un lenguaje corporal res-				
El consejero utilizó un lenguaje verbal respe-				
El consejero escuchó al cliente.				
El consejero hizo preguntas aclaratorias, solo				
El consejero respondió adecuadamente a las				
El consejero demostró tener los conocimien-				
Resolución del Problema	#1	#2	#3	Comentarios
El consejero ha resuelto el problema del				

Puntuación

A - Total "Sí"	B – Total "No"	C – Total "N/D"	D – Subtotal	% Criterios Cum-

Nombre del Evaluador en Letra Imprenta: _____
Firma: _____ Fecha: _____

Apéndice J
Plan de conversación
para la mejora del rendimiento

Consideraciones	Plan
¿En qué fecha y hora tienen previsto reunirse? Tenga en cuenta el horario.	
¿Dónde piensan reunirse? Tenga en cuenta la privacidad y la comodidad.	
¿Cuál es el único tema que quiere abordar? No abrume al empleado.	
¿Cómo puede empezar la conversación con una nota positiva?	
¿Cómo explicará el propósito de la conversación?	
¿Qué objetivos/expectativas de rendimiento quiere revisar con el empleado?	
¿Qué ejemplos concretos proporcionará al empleado sobre su rendimiento en relación con los objetivos/expectativas?	
¿Qué preguntas utilizará para pedir al empleado su punto de vista y su aportación? Ejemplos: ¿Cuáles son sus logros? ¿Cuáles son sus dificultades ¿Qué apoyo necesita para lograr el éxito? ¿Cómo puedo darle más apoyo?	
¿Qué apoyo puede ofrecerle al empleado para ayudarlo a tener éxito? Ejemplos: Observaciones del trabajo de otros empleados Tutoría Formación específica Otros Factores Fundamentales de Apoyo	
¿Qué objetivos medibles propondrá para evaluar el progreso de los empleados hacia la mejora?	
¿Qué fecha y hora es la reunión de seguimiento para evaluar el progreso del empleado?	

Apéndice K
Plantilla de notas de conversación

Conversación con *(Nombre del Empleado)* **sobre** *(Incidente)*
(Fecha), (Hora), (Lugar)

(Escriba las notas aquí.)

Firma   00/00/00
_____   _____
Nombre Completo, Cargo   Fecha
Nombre de la Organización

Apéndice L
Registro manual de eventos

Registro de Eventos para (Nombre del Empleado)

00/00/00 – *(Introduzca aquí sus notas manualmente.)* – Vic C.

Apéndice M
Registro electrónico de eventos

Registro de Eventos para *(Nombre del Empleado)*

00/00/00– *(Introduzca aquí sus notas tecleadas.)* – Vic C.

Preparado por:

Firma
_____
Nombre Completo, Cargo
Nombre de la Organización

Página 1 de 1

NOTAS

Capítulo 1 - El corazón de la responsabilidad solidaria

Sin notas.

Capítulo 2 - El arte del liderazgo solidario

[1] Florence Stinglhamber y col., "Identificación organizacional y compromiso organizacional afectivo de los empleados: un enfoque integrador" ("Employees' Organizational Identification and Affective Organizational Commitment: An Integrative Approach"), *PLoS ONE 10*, no. 4 (2015): 1–23. Recuperado el 22 de junio de 2022, de https://doi.org/10.1371/journal.pone.0123955. Licencia de Creative Commons: https://creativecommons.org/licenses/by/4.0/.

[2] Ishfaq Ahmed y col., "Una mirada literaria a los resultados del apoyo en el trabajo" ("A Literary Look at Outcomes of Support at Work"), *Research Journal of Applied Sciences, Engineering and Technology* 5, no. 12 (2013): 3444–3449. Recuperado el 22 de junio de 2022, de http://maxwellsci.com/print/rjaset/v5-3444-3449.pdf. Licencia de Creative Commons: https://creativecommons.org/licenses/by/3.0/.

[3] Florence Stinglhamber y col., "Identificación organizacional y compromiso organizacional" ("Employees' Organizational Identification"), 1–23.

[4] J.D. Tony Carter, "Gerentes que empoderan a los empleados" ("Managers Empowering Employees"), *American Journal of Economics and Business Administration* 1, no. 2 (2009): 41–46. Recuperado el 22 de junio de 2022, de https://thescipub.com/abstract/ajebasp.2009.41.46. Licencia de Creative Commons: https://creativecommons.org/licenses/by/4.0/.

[5] Cody Logan Chullen, "¿Cómo afecta el agotamiento del supervisor al intercambio entre líderes y miembros? Una perspectiva diádica" ("How Does Supervisor Burnout Affect Leader-Member Exchange? A Dyadic Perspective"), *International Business & Economics Research Journal* 13, no. 5 (2014): 1113–1126. Recuperado el 22 de junio de 2022, de https://doi.org/10.19030/iber.v13i5.8777. Licencia de Creative Commons: https://creativecommons.org/licenses/by/3.0/.

[6] Janine Victor y Crystal C. Hoole. "La influencia de las recompensas organizacionales en la confianza en el lugar de trabajo y el compromiso laboral" ("The Influence of Organisational Rewards on Workplace Trust and Work Engagement" *SA Journal of Human Resource Management* 1, no. 0, (2017): 1–14. Recuperado el 22 de junio de 2022, de https://sajhrm.co.za/index.php/sajhrm/article/view/853. Licencia de Creative Commons: https://creativecommons.org/licenses/by/4.0/.

[7] Janine Victor and Crystal C. Hoole, "La influencia de las recompensas organizacionales" ("The Influence of Organisational Rewards"), 1–14.

[8] Schalk W. Grobler e Yvonne du Plessis, "Competencias de comportamiento del líder requeridas para un desempeño organizacional sostenible," ("Requisite Leader Behavioural Competencies for Sustainable Organisational Performance"), *Acta Commercii* 16, no. 1 (2016): 1–8. Recuperado el 22 de junio de 2022, de http://dx.doi.org/10.4102/ac.v16i1.347. Licencia de Creative Commons: https://creativecommons.org/licenses/by/4.0/.

[9] Cody Logan Chullen, "¿Cómo afecta el agotamiento del supervisor?" ("How Does Supervisor Burnout"), 1113–1126.

[10] Jing Qian, Bin Wang, Zhuo Han y Baihe Song, "Liderazgo ético, intercambio líder-miembro y búsqueda de retroalimentación: un modelo de mediación doblemente moderado de inteligencia emocional y estructura de unidad de trabajo" ("Ethical Leadership, Leader-Member Exchange and Feedback Seeking: a Double-Moderated Mediation Model of Emotional Intelligence and Work-Unit Structure"), *Frontiers in Psychology* 8, no. 1174 (2017): 1–11. Recuperado el 22 de junio de 2022, de https://doi.org/10.3389/fpsyg.2017.01174. Licencia de Creative Commons: https://creativecommons.org/licenses/by/4.0/.

[11] Tajammal Hussain y Sheikh Sana su Rehman, "¿Inspiran las prácticas de gestión de recursos humanos la retención de los empleados?" ("Do Human Resource Management Practices Inspire Employees' Retention?"), *Research Journal of Applied Sciences, Engineering and Technology* 6, no. 19 (2013): 3625–3633. Recuperado el 22 de junio de 2022, de http://maxwellsci.com/print/rjaset/v6-3625-3633.pdf. Licencia de Creative Commons: https://creativecommons.org/licenses/by/3.0/.

[12] J.D. Tony Carter, "Gerentes que empoderan a los empleados" ("Managers Empowering Employees"), 41–46.

[13] Tajammal Hussain and Sheikh Sana ur Rehman, "¿Inspiran las prácticas?" ("Do Human Resource Management"), 3625–3633.

[14] Haleema Zia, Hafiz Muhammad Ishaq, Salma Zahir y Faiz Ahmed, "Para investigar el impacto de la capacitación, el empoderamiento de los empleados y el clima organizacional en el desempeño laboral" ("To Investigate the Impact of Training, Employee Empowerment and Organizational Climate on Job Performance"), *Research Journal of Applied Sciences, Engineering and Technology* 7, no. 22 (2014): 4832–4837. Recuperado el 22 de junio de 2022, de Licencia de http://www.maxwellsci.com/msproof.php?doi=rjaset.7.872. Creative Commons: https://creativecommons.org/licenses/by/3.0/.

[15] Kartinah Ayupp y Then Hsiao Chung, "Empoderamiento: perspectiva de los empleados del hotel" ("Empowerment: Hotel Employees' Perspective"), *Journal of Industrial Engineering and Management* 3, no. 3 (2010): 561–575. Recuperado el 22 de junio de 2022, de http://www.jiem.org/index.php/jiem/article/view/166/81. Licencia de Creative Commons: https://creativecommons.org/licenses/by/3.0/.

[16] Janine Victor and Crystal C. Hoole, "La influencia de las recompensas organizacionales" ("The Influence of Organisational Rewards"), 1–14.

[17] Janine Krüger y Chantal Rootman, "¿Cómo influyen los gerentes de pequeñas empresas en la satisfacción y el compromiso de los empleados?" ("How Do Small Business Managers Influence Employee Satisfaction and Commitment?"), *Acta Commercii* 10, no. 1 (2010): 59–72. Recuperado el 22 de junio de 2022, de https://doaj.org/article/422f8bb6fba844f088f4be78c585b7c4. Licencia de Creative Commons: https://creativecommons.org/licenses/by/4.0/.

[18] Kartinah Ayupp y Then Hsiao Chung, "Empoderamiento: perspectiva de los empleados" ("Empowerment: Hotel Employees' Perspective"), 561–575.

[19] Kartinah Ayupp y Then Hsiao Chung, "Empoderamiento: perspectiva de los empleados" ("Empowerment: Hotel Employees' Perspective"), 561–575.

[20] J.D. Tony Carter, "Gerentes que empoderan a los empleados" ("Managers Empowering Employees"), 41–46.

[21] J.D. Tony Carter, "Gerentes que empoderan a los empleados" ("Managers Empowering Employees"), 41–46.

[22] Ishfaq Ahmed y col., "Una mirada literaria" ("A Literary Look"), 3444–3449.

[23] J.D. Tony Carter, "Gerentes que empoderan a los empleados" ("Managers Empowering Employees"), 41–46.

Capítulo 3 - Las expectativas que inspiran

[24] Nico W. Van Yperen, Monica Blaga y Tom Postmes, "Un meta-análisis de los objetivos de logro auto-informados y el rendimiento no auto-informado a través de tres dominios de logro (trabajo, deportes y educación)" ("A Meta-Analysis of Self-Reported Achievement Goals and Nonself-Report Performance across Three Achievement Domains (Work, Sports, and Education"), *PloS ONE* 9, no. 4 (2014): 1–16. Recuperado el 22 de junio de 2022, de https://doi.org/10.1371/journal.pone.0093594. Licencia de Creative Commons: https://creativecommons.org/licenses/by/4.0/.

[25] Nico W. Van Yperen, Monica Blaga y Tom Postmes, "Un meta-análisis" ("A Meta-Analysis"), 1–16.

[26] Nico W. Van Yperen, Monica Blaga y Tom Postmes, "Un meta-análisis" ("A Meta-Analysis"), 1–16.

[27] Nico W. Van Yperen, Monica Blaga y Tom Postmes, "Un meta-análisis" ("A Meta-Analysis"), 1–16.

[28] Monica Blaga y Nico W. Van Yperen, "Objetivos de enfoque de desempeño fáciles y difíciles: su efecto moderador en el vínculo entre el interés de la tarea y el logro del rendimiento" ("Easy and Difficult Performance-Approach Goals: Their Moderating Effect on the Link Between Task Interest and Performance Attainment"), *Psychologica Belgica* 48, no. 2–3 (2008): 93–107. Recuperado el 22 de junio de 2022, de http://doi.org/10.5334/pb-48-2-3-93. Licencia de Creative Commons: https://creativecommons.org/licenses/by/4.0/.

[29] Monica Blaga y Nico W. Van Yperen, "Objetivos de enfoque" ("Easy and Difficult"), 93–107.

[30] Monica Blaga y Nico W. Van Yperen, "Objetivos de enfoque" ("Easy and Difficult"), 93–107.

[31] Nico W. Van Yperen, Monica Blaga y Tom Postmes, "Un meta-análisis" ("A Meta-Analysis"), 1–16.

Capítulo 4 – El monitoreo: centrarse en lo importante

[32] Schalk W. Grobler e Yvonne du Plessis, "Competencias de comportamiento del líder requeridas para un desempeño organizacional sostenible," ("Requisite Leader Behavioural Competencies for Sustainable Organisational Performance"), *Acta Commercii* 16, no. 1 (2016): 1–8. Recuperado el 22 de junio de 2022, de http://dx.doi.org/10.4102/ac.v16i1.347. Licencia de Creative Commons: https://creativecommons.org/licenses/by/4.0/.

[33] Mihaela Rus, "Tipo de liderazgo transformacional en organizaciones públicas y privadas" ("Transformational Leadership Type in Public and Private Organizations"), *EIRP Proceedings* 7, no. 1 (2012): 588–594. Recuperado el 22 de junio de 2022, de https://doaj.org/article/730a904aa20b4dcaad5e5f6bf8c3b769. Licencia de Creative Commons: https://creativecommons.org/licenses/by/4.0/.

[34] M. Rosario Perello-Marin y Gabriela Ribes-Giner, "Identificando una lista orientadora de prácticas de alta participación en la gestión de recursos humanos" ("Identifying a Guiding List of High Involvement Practices in Human Resource Management"), *WPOM-Working Papers on Operations Management* 5, no. 1 (2014): 31–47. Recuperado el 22 de junio de 2022, de https://polipapers.upv.es/index.php/WPOM/article/view/1495. Licencia de Creative Commons: https://creativecommons.org/licenses/by/4.0/.

[35] Monica Blaga and Nico W. Van Yperen, "Objetivos de enfoque de desempeño fáciles y difíciles: su efecto moderador en el vínculo entre el interés de la tarea y el logro del rendimiento" ("Easy and Difficult Performance-Approach Goals: Their Moderating Effect on the Link Between Task Interest and Performance Attainment"), *Psychologica Belgica* 48, no. 2–3 (2008): 93–107. Recuperado el 22 de junio de 2022, de http://doi.org/10.5334/pb-48-2-3-93. Licencia de Creative Commons: https://creativecommons.org/licenses/by/4.0/; Nico W. Van Yperen, Monica Blaga y Tom Postmes, "Un meta-análisis de los objetivos de logro auto-informados y el rendimiento no auto-informado a través de tres dominios de logro (trabajo, deportes y educación)" ("A Meta-Analysis of Self-Reported Achievement Goals and Nonself-Report Performance across Three Achievement Domains (Work, Sports, and Education"), *PloS ONE* 9, no. 4 (2014): 1 – 16. Recuperado el 22 de junio de 2022, de https://doi.org/10.1371/journal.pone.0093594. Licencia de Creative Commons: https://creativecommons.org/licenses/by/4.0/.

Capítulo 5 - La medición del servicio al cliente

[36] Richard M. Heiberger y Naomi B. Robbins, "Diseño de gráficos de barras apiladas divergentes para escalas Likert y otras aplicaciones" ("Design of Diverging Stacked Bar Charts for Likert Scales and Other Applications"), *Journal of Statistical Software* 57, no. 1 (2014): 1-32. Recuperado el 22 de junio de 2022, de https://www.jstatsoft.org/article/view/2132. Licencia de Creative Commons: https://creativecommons.org/licenses/by/3.0/.

[37] Richard M. Heiberger and Naomi B. Robbins, "Diseño de gráficos" ("Design of Diverging"), 1-32.

[38] Isac Florin Lucian, Rusu Sergiu y Cureteanu Radu Silviu, "Problemas para medir la satisfacción del cliente" ("Problems in Measuring Customer Satisfaction"), *Analele Universității Constantin Brâncuși din Târgu Jiu: Seria Economie* 2, no. 4 (2012): 23-25. Recuperado el 22 de junio de 2022, de http://www.utgjiu.ro/revista/ec/pdf/2012-04.II/3_Isac%20Florin,%20Rusu%20Segiu%20,Cureteanu%20Radu%201.pdf. Licencia de Creative Commons: https://creativecommons.org/licenses/by/4.0/

[39] Isac Florin Lucian, Rusu Sergiu, and Cureteanu Radu Silviu, "Problemas para medir" ("Problems in Measuring"), 23-25.

[40] Wendi Pomerance Brick, entrevista realizada por Sylvia Melena, 7 de noviembre de 2017 con Wendi Pomerance Brick, Presidente y Directora General de *Customer Service Advantage, Inc.* y autora de *The Science of Service: Six Essential Elements for Creating a Culture of Service in the Public Sector*. El trabajo de la vida de Wendi es promover un servicio al cliente de primera clase en el sector público. Para más información, visite https://www.linkedin.com/in/wendibrick/. Fecha de acceso: 22 de junio de 2022. Esta entrevista fue traducida del inglés.

[41] Wendi Pomerance Brick, 7 de noviembre de 2017.

[42] Wendi Pomerance Brick, 7 de noviembre de 2017.

[43] Wendi Pomerance Brick, 7 de noviembre de 2017.

[44] Wendi Pomerance Brick, 7 de noviembre de 2017.

[45] Wendi Pomerance Brick, 7 de noviembre de 2017.

[46] Wendi Pomerance Brick, 7 de noviembre de 2017.

[47] Wendi Pomerance Brick, 7 de noviembre de 2017.

[48] Wendi Pomerance Brick, 7 de noviembre de 2017.

⁴⁹ Wendi Pomerance Brick, 7 de noviembre de 2017.
⁵⁰ Wendi Pomerance Brick, 7 de noviembre de 2017.

Capítulo 6 - Las mejores prácticas en la retroalimentación

⁵¹ Jing Qian, Bin Wang, Zhuo Han y Baihe Song, "Liderazgo ético, intercambio líder-miembro y búsqueda de retroalimentación: un modelo de mediación doblemente moderado de inteligencia emocional y estructura de unidad de trabajo" ("Ethical Leadership, Leader-Member Exchange and Feedback Seeking: a Double-Moderated Mediation Model of Emotional Intelligence and Work-Unit Structure"), *Frontiers in Psychology* 8, no. 1174 (2017): 1–11, Recuperado el 22 de junio de 2022, de https://doi.org/10.3389/fpsyg.2017.01174. Licencia de Creative Commons: https://creativecommons.org/licenses/by/4.0/.

Capítulo 7 - Las conversaciones que mejoran el rendimiento

Sin notas.

Capítulo 8 - Los factores críticos del apoyo laboral

⁵² Schalk W. Grobler e Yvonne du Plessis, "Competencias de comportamiento del líder requeridas para un desempeño organizacional sostenible," ("Requisite Leader Behavioural Competencies for Sustainable Organisational Performance"), *Acta Commercii* 16, no. 1 (2016): 1–8. Recuperado el 22 de junio de 2022, de http://dx.doi.org/10.4102/ac.v16i1.347. Licencia de Creative Commons: https://creativecommons.org/licenses/by/4.0/.

⁵³ Haleema Zia, Hafiz Muhammad Ishaq, Salma Zahir y Faiz Ahmed, "Para investigar el impacto de la capacitación, el empoderamiento de los empleados y el clima organizacional en el desempeño laboral" ("To Investigate the Impact of Training, Employee Empowerment and Organizational Climate on Job Performance"), *Research Journal of Applied Sciences, Engineering and Technology* 7, no. 22 (2014):

4832–4837. Recuperado el 22 de junio de 2022, de http://www.maxwellsci.com/msproof.php?doi=rjaset.7.872. Licencia de Creative Commons: https://creativecommons.org/licenses/by/3.0/.

54 Haleema Zia y col., "Para investigar el impacto" (To Investigate the Impact), 4832–4837.

55 Barbara Greenstein, entrevista realizada por Sylvia Melena, 26 de mayo de 2017 con Barbara Greenstein, Directora de *Human Resource Prescriptions, LLC*. Barbara es una especialista en la mejora del rendimiento que proporciona formas probadas y creativas para mejorar el rendimiento humano en el lugar de trabajo. Ella ofrece el programa Ramp UpTM Your Performance para ayudar a las empresas a hacer el cambio de la formación tradicional a las intervenciones de rendimiento. Para más información, visite http://www.hrxi.com/. Fecha de acceso: 22 de junio de 2022. Esta entrevista fue traducida del inglés.

56 Barbara Greenstein, 26 de mayo de 2017.

57 Barbara Greenstein, 26 de mayo de 2017.

58 Barbara Greenstein, 26 de mayo de 2017.

59 Haleema Zia y col., "Para investigar el impacto" (To Investigate the Impact), 4832–4837.

60 Azman Ismail y col., "El papel del supervisor como antecedente de la transferencia de capacitación y la motivación para aprender en los programas de capacitación" ("Supervisor's Role as an Antecedent of Training Transfer and Motivation to Learn in Training Programs"), *Acta Universitatis Danubius: Oeconomica* 6, no. 2 (2010): 18–37. Recuperado el 22 de junio de 2022, de http://journals.univ-danubius.ro/index.php/oeconomica/article/view/614/565. Licencia de Creative Commons: https://creativecommons.org/licenses/by/4.0/.

61 Barbara Greenstein, 26 de mayo de 2017. Esta entrevista fue traducida del inglés.

62 Azman Ismail y col., "La comunicación del supervisor en el programa de formación: un estudio empírico en Malasia" ("Supervisor Communication in Training Program: an Empirical Study in Malaysia"), *Management & Marketing* 7, no. 1 (2009): 59–68. Recuperado el 22 de junio de 2022, de http://www.mnmk.ro/documents/2009/5_Azman%20Malaezia_FFF.pdf. Licencia de Creative Commons: https://creativecommons.org/licenses/by/4.0/.

63 Oficina de Política de Empleo para Discapacitados. "Programas de Asistencia al Empleado para una Nueva Generación de Empleados". Departamento de Trabajo de los Estados Unidos. Office of Disability Employment Policy. "Employee Assistance Programs for a New Generating of Employees." *United States Department of Labor*,

January 2009. Recuperado el 22 de junio de 2022, de https://permanent.fdlp.gov/LPS113558/LPS113558/www.dol.gov/odep/documents/employeeassistance.pdf.

64 Office of Disability Employment Policy. "Programas de Asistencia al Empleado para una Nueva Generación de Empleados". Departamento de Trabajo de los Estados Unidos. "Employee Assistance Programs for a New Generating of Employees." *United States Department of Labor*, January 2009. Recuperado el 22 de junio de 2022, de https://permanent.fdlp.gov/LPS113558/LPS113558/www.dol.gov/odep/documents/employeeassistance.pdf.

65 Office of Disability Employment Policy, *United States Department of Labor*, "Programas de Asistencia" ("Employee Assistance Programs").

66 Scott H. Silverman, entrevista realizada por Sylvia Melena, 13 de noviembre de 2017 con Scott H. Silverman, Director General de *Confidential Recovery*, un programa ambulatorio en San Diego, California, que permite a los clientes continuar sus carreras o trabajos y disfrutar de vivir en casa mientras reciben terapia a largo plazo. Scott ha recibido numerosos honores y premios, es un aclamado orador, un experto en el desarrollo de la fuerza laboral y el autor de *Tell Me No, I Dare You: A Guide for Living a Heroic Life*. Para obtener más información sobre Scott y *Confidential Recovery*, visite https://www.confidentialrecovery.com/. Fecha de acceso: 22 de junio de 2022. Esta entrevista fue traducida del inglés.

67 Scott H. Silverman, 13 de noviembre de 2017.
68 Scott H. Silverman, 13 de noviembre de 2017.
69 Scott H. Silverman, 13 de noviembre de 2017.
70 Scott H. Silverman, 13 de noviembre de 2017.
71 Scott H. Silverman, 13 de noviembre de 2017.
72 Scott H. Silverman, 13 de noviembre de 2017.
73 "Preguntas frecuentes de FMLA - Español" ("FMLA Frequently Asked Questions - Spanish"), *United States Department of Labor, Wage and Hour Division*. Recuperado el 24 de mayo de 2022, de https://www.dol.gov/agencies/whd/fmla/faq-spanish.
74 "Preguntas frecuentes de FMLA" ("FMLA Frequently Asked"), *United States Department of Labor*.
75 Ann Clayton, "Compensación de Trabajadores: Antecedentes para Profesionales" ("Workers' Compensation: A Background for Social Security Professionals") *Social*

Security Bulletin 65, no. 4. (2003-2004), *Social Security Office of Policy*. Recuperado el 24 de mayo de 2022, de https://www.ssa.gov/policy/docs/ssb/v65n4/v65n4p7.html.

[76] Ann Clayton, "Compensación de Trabajadores" ("Workers' Compensation"), *Social Security Office of Policy*.

[77] "Introducción a la ADA" ("Introduction to the ADA"), ADA.gov, *United States Department of Justice Civil Rights Division*. Recuperado el 24 de mayo de 2022, de https://www.ada.gov/ada_intro.htm.

[78] "Introducción a la ADA" ("Introduction to the ADA"), ADA.gov.

[79] "Introducción a la ADA" ("Introduction to the ADA"), ADA.gov.

Capítulo 9 - El poder del reconocimiento

[80] Janine Victor and Crystal C. Hoole, "La influencia de las recompensas organizacionales en la confianza en el lugar de trabajo y el compromiso laboral" ("The Influence of Organisational Rewards on Workplace Trust and Work Engagement"), *SA Journal of Human Resource Management* 1, no. 0, (2017): 1–14. Recuperado el 22 de junio de 2022, de https://sajhrm.co.za/index.php/sajhrm/article/view/853. Licencia de Creative Commons: https://creativecommons.org/licenses/by/4.0/.

[81] Kartinah Ayupp and Then Hsiao Chung, "Empoderamiento: perspectiva de los empleados del hotel" ("Empowerment: Hotel Employees' Perspective"), *Journal of Industrial Engineering and Management* 3, no. 3 (2010): 561–575. Recuperado el 22 de junio de 2022, de http://www.jiem.org/index.php/jiem/article/view/166/81. Licencia de Creative Commons: https://creativecommons.org/licenses/by/3.0/.

[82] Janine Krüger y Chantal Rootman, "¿Cómo influyen los gerentes de pequeñas empresas en la satisfacción y el compromiso de los empleados?" ("How Do Small Business Managers Influence Employee Satisfaction and Commitment?"), *Acta Commercii* 10, no. 1 (2010): 59–72. Recuperado el 22 de junio de 2022, de https://doaj.org/article/422f8bb6fba844f088f4be78c585b7c4. Licencia de Creative Commons: https://creativecommons.org/licenses/by/4.0/.

[83] Janine Victor and Crystal C. Hoole, "La influencia de las recompensas organizacionales" ("The Influence of Organisational Rewards"), 1–14.

[84] Janine Krüger and Chantal Rootman, "¿Cómo influyen los gerentes" ("How Do Small Business Managers"), 59–72.

[85] Jorunn Theresia Jessen, "Satisfacción laboral y recompensas sociales en los servicios sociales" ("Job Satisfaction and Social Rewards in the Social Services"), *Journal of Comparative Social Work* 5, no. 1 (2010): 1–18. Recuperado el 22 de junio de 2022, de https://doi.org/10.31265/jcsw.v5i1.51. Licencia de Creative Commons: https://creativecommons.org/licenses/by/4.0/.

[86] Vida Škudienė, Karolina Šlepikaitė, and James Reardon, "Efecto del reconocimiento y empoderamiento de los empleados de la primera línea en el valor percibido de los clientes de los bancos minoristas" ("Front-Line Employees' Recognition and Empowerment Effect on Retail Bank Customers' Perceived Value"), *Journal of Service Science* 6, no. 1 (2013): 105–116. Recuperado el 22 de junio de 2022, de https://doi.org/10.19030/jss.v6i1.8241. Licencia de Creative Commons: https://creativecommons.org/licenses/by/3.0/.

[87] Vida Škudienė, Karolina Šlepikaitė, and James Reardon, "Efecto del reconocimiento" ("Front-Line Employees' Recognition"), 105–116.

[88] Jerry P. Haenisch, "Factores que afectan la productividad de los trabajadores del gobierno" ("Factors Affecting the Productivity of Government Workers"), *SAGE Open* 2, no. 1 (2012): 1–7. Recuperado el 22 de junio de 2022, de https://doi.org/10.1177/2158244012441603. Licencia de Creative Commons: https://creativecommons.org/licenses/by/3.0/.

[89] Wendi Pomerance Brick, entrevista realizada por Sylvia Melena, 7 de noviembre de 2017 con Wendi Pomerance Brick, Presidente y Directora General de *Customer Service Advantage, Inc.* y autora de *The Science of Service: Six Essential Elements for Creating a Culture of Service in the Public Sector*. El trabajo de la vida de Wendi es promover un servicio al cliente de primera clase en el sector público. Para más información, visitehttps://www.linkedin.com/in/wendibrick/. Fecha de acceso: 22 de junio de 2022. Esta entrevista fue traducida del inglés.

[90] Wendi Pomerance Brick, 7 de noviembre de 2017.

[91] Wendi Pomerance Brick, 7 de noviembre de 2017.

Capítulo 10 – Los Cuatro Pilares de la Responsabilidad™

[92] Schalk W. Grobler e Yvonne du Plessis, "Competencias de comportamiento del líder requeridas para un desempeño organizacional sostenible," ("Requisite Leader Behavioural Competencies for Sustainable Organisational Performance"), *Acta Commercii* 16, no. 1 (2016): 1–8. Recuperado el 22 de junio de 2022, de http://dx.doi.org/10.4102/ac.v16i1.347. Licencia de Creative Commons: https://creativecommons.org/licenses/by/4.0/.

[93] Rita Maria Silva, António Caetano, and Qin Zhou, "Contextos de injusticia y satisfacción laboral: el papel mediador de las percepciones de justicia" ("Injustice Contexts and Work Satisfaction: The Mediating Role of Justice Perceptions"), *International Journal of Business Science and Applied Management* 7, no. 1 (2012): 15–28. Recuperado el 22 de junio de 2022, de https://business-and-management.org/paper.php?id=79. Licencia de Creative Commons: https://creativecommons.org/licenses/by/3.0/.

[94] Rita Maria Silva, António Caetano, and Qin Zhou, "Contextos de injusticia" ("Injustice Contexts," 15–28.

[95] Rita Maria Silva, António Caetano, and Qin Zhou, "Contextos de injusticia" ("Injustice Contexts," 15–28.

[96] Rita Maria Silva, António Caetano, and Qin Zhou, "Contextos de injusticia" ("Injustice Contexts," 15–28.

[97] Kaisa Perko y col., "De vuelta a lo básico: la importancia relativa del liderazgo transformacional y justo para el compromiso y el agotamiento del trabajo de los empleados" ("Back to Basics: The Relative Importance of Transformational and Fair Leadership for Employee Work Engagement and Exhaustion"), *Scandinavian Journal of Work and Organizational Psychology* 1, no. 1, 6 (2016): 1–13. Recuperado el 22 de junio de 2022, de http://doi.org/10.16993/sjwop.8. Licencia de Creative Commons: https://creativecommons.org/licenses/by/4.0/.

[98] Kaisa Perko y col., "De vuelta a lo básico" ("Back to Basics"), 1–13.

[99] Kaisa Perko y col., "De vuelta a lo básico" ("Back to Basics"), 1–13.

Capítulo 11 - El apoyo a través de la disciplina progresiva

Sin notas.

Capítulo 12 - El caso de la documentación

Sin notas.

Capítulo 13 - Aplicación práctica

Sin notas.

BIBLIOGRAFÍA

Ahmed, Ishfaq, Wan Khairuzzaman Wan Ismail, Salmiah Mohamad Amin, Muhammad Ramzan, and Talat Islam. "Una mirada literaria a los resultados del apoyo en el trabajo" ("A Literary Look at Outcomes of Support at Work"), *Research Journal of Applied Sciences, Engineering and Technology* 5, no. 12 (2013): 3444–3449. Recuperado el 22 de junio de 2022, de http://maxwellsci.com/print/rjaset/v5-3444-3449.pdf. Licencia de Creative Commons: https://creativecommons.org/licenses/by/3.0/.

Ayupp, Kartinah y Then Hsiao Chung. "Empoderamiento: perspectiva de los empleados del hotel" ("Empowerment: Hotel Employees' Perspective"), *Journal of Industrial Engineering and Management* 3, no. 3 (2010): 561–575. Recuperado el 22 de junio de 2022, de http://www.jiem.org/index.php/jiem/article/view/166/81. Licencia de Creative Commons: https://creativecommons.org/licenses/by/3.0/.

Blaga, Monica y Nico W. Van Yperen. "Objetivos de enfoque de desempeño fáciles y difíciles: su efecto moderador en el vínculo entre el interés de la tarea y el logro del rendimiento" ("Easy and Difficult Performance-Approach Goals: Their Moderating Effect on the Link Between Task Interest and Performance Attainment"), *Psychologica Belgica* 48, no. 2–3 (2008): 93–107. Recuperado el 22 de junio de 2022, de http://doi.org/10.5334/pb-48-2-3-93. Licencia de Creative Commons: https://creativecommons.org/licenses/by/4.0/.

Brick, Wendi Pomerance. Entrevista realizada por Sylvia Melena, 7 de noviembre de 2017 con Wendi Pomerance Brick, Presidente y Directora General de *Customer Service Advantage, Inc.* y autora de *The Science of Service: Six Essential Elements for Creating a Culture of Service in the Public Sector*. El trabajo de la vida de Wendi es promover un servicio al cliente de primera clase en el sector público. Para más información, visite https://www.linkedin.com/in/wendibrick/. Fecha de acceso: 22 de junio de 2022. Esta entrevista fue traducida del inglés.

Carter, J.D. Tony. "Gerentes que empoderan a los empleados" ("Managers Empowering Employees"), *American Journal of Economics and Business Administration* 1, no. 2 (2009): 41-46. Recuperado el 22 de junio de 2022, de https://thescipub.com/abstract/ajebasp.2009.41.46. Licencia de Creative Commons: https://creativecommons.org/licenses/by/4.0/.

Chullen, Cody Logan. "¿Cómo afecta el agotamiento del supervisor al intercambio entre líderes y miembros? Una perspectiva diádica" ("How Does Supervisor Burnout Affect Leader-Member Exchange? A Dyadic Perspective"), *International Business & Economics Research Journal* 13, no. 5 (2014): 1113–1126. Recuperado el 22 de junio de 2022, de https://doi.org/10.19030/iber.v13i5.8777. Licencia de Creative Commons: https://creativecommons.org/licenses/by/3.0/.

Clayton, Ann. "Compensación de Trabajadores: Antecedentes para Profesionales" ("Workers' Compensation: A Background for Social Security Professionals") *Social Security Bulletin* 65, no. 4. (2003-2004), Social Security Office o Policy. Recuperado el 24 de mayo de 2022, de https://www.ssa.gov/policy/docs/ssb/v65n4/v65n4p7.html.

Greenstein, Barbara. Entrevista realizada por Sylvia Melena, 26 de mayo de 2017 con Barbara Greenstein, Directora de *Human Resource Prescriptions, LLC*. Barbara es una especialista en la mejora del rendimiento que proporciona formas probadas y creativas para mejorar el rendimiento humano en el lugar de trabajo. Para más información, visite http://www.hrxi.com/. Fecha de acceso: 22 de junio de 2022. Esta entrevista fue traducida del inglés.

Grobler, Schalk W. y Yvonne du Plessis. "Competencias de comportamiento del líder requeridas para un desempeño organizacional sostenible," ("Requisite Leader Behavioural Competencies for Sustainable Organisational Performance"), *Acta Commercii* 16, no. 1 (2016): 1–8. Recuperado el 22 de junio de 2022, de http://dx.doi.org/10.4102/ac.v16i1.347. Licencia de Creative Commons: https://creativecommons.org/licenses/by/4.0/.

Haenisch, Jerry P. "Factores que afectan la productividad de los trabajadores del gobierno" ("Factors Affecting the Productivity of Government Workers"), *SAGE Open* 2, no. 1 (2012): 1–7. Recuperado el 22 de junio de 2022, de https://doi.org/10.1177/2158244012441603. Licencia de Creative Commons: https://creativecommons.org/licenses/by/3.0/.

Heiberger, Richard M. y Naomi B. Robbins. "Diseño de gráficos de barras apiladas divergentes para escalas Likert y otras aplicaciones" ("Design of Diverging Stacked Bar Charts for Likert Scales and Other Applications"), *Journal of Statistical Software* 57, no. 1 (2014): 1–32. Recuperado el 22 de junio de 2022, de https://www.jstatsoft.org/article/view/2132. Licencia de Creative Commons: https://creativecommons.org/licenses/by/3.0/.

Hussain, Tajammal y Sheikh Sana ur Rehman. "¿Inspiran las prácticas de gestión de recursos humanos la retención de los empleados?" ("Do Human Resource Management Practices Inspire Employees' Retention?"), *Research Journal of Applied Sciences, Engineering and Technology* 6, no. 19 (2013): 3625–3633. Recuperado el 22 de junio de 2022, de http://maxwellsci.com/print/rjaset/v6-3625-3633.pdf. Licencia de Creative Commons: https://creativecommons.org/licenses/by/3.0/.

Ismail, Azman, Hasan Al Banna Mohamed, Ahmad Zaidi Sulaiman, y Suriawati Sabhi. "El papel del supervisor como antecedente de la transferencia de capacitación y la motivación para aprender en los programas de capacitación" ("Supervisor's Role as an Antecedent of Training Transfer and Motivation to Learn in Training Programs"), *Acta Universitatis Danubius: Oeconomica* 6, no. 2 (2010): 18–37. Recuperado el 22 de junio de 2022, de http://journals.univ-danubius.ro/index.php/oeconomica/article/view/614/565. Licencia de Creative Commons: https://creativecommons.org/licenses/by/4.0/.

Ismail, Azman, Sofiah Bongogoh, Sheela Chitra Chandra Segaran, Rodney Gavin, y Rabaah Tudin. "La comunicación del supervisor en el programa de formación: un estudio empírico en Malasia" ("Supervisor Communication in Training Program: an Empirical Study in Malaysia"), *Management & Marketing* 7, no. 1 (2009): 59–68. Recuperado el 22 de junio de 2022, de http://www.mnmk.ro/documents/2009/5_Azman%20Malaezia_FFF.pdf. Licencia de Creative Commons: https://creativecommons.org/licenses/by/4.0/.

Jessen, Jorunn Theresia. "Satisfacción laboral y recompensas sociales en los servicios sociales" ("Job Satisfaction and Social Rewards in the Social Services"), *Journal of Comparative Social Work* 5, no. 1 (2010): 1–18. Recuperado el 22 de junio de 2022, de https://doi.org/10.31265/jcsw.v5i1.51. Licencia de Creative Commons: https://creativecommons.org/licenses/by/4.0/.

Krüger, Janine y Chantal Rootman. "¿Cómo influyen los gerentes de pequeñas empresas en la satisfacción y el compromiso de los empleados?" ("How Do Small Business Managers Influence Employee Satisfaction and Commitment?"), *Acta Commercii* 10, no. 1 (2010): 59–72. Recuperado el 22 de junio de 2022, de https://doaj.org/article/422f8bb6fba844f088f4be78c585b7c4. Licencia de Creative Commons: https://creativecommons.org/licenses/by/4.0/.

Lucian, Isac Florin, Rusu Sergiu y Cureteanu Radu Silviu. "Problemas para medir la satisfacción del cliente" ("Problems in Measuring Customer Satisfaction"), *Analele*

Universității Constantin Brâncuși din Târgu Jiu: Seria Economie 2, no. 4 (2012): 23–25. Recuperado el 22 de junio de 2022, de http://www.utgjiu.ro/revista/ec/pdf/2012-04.II/3_Isac%20Florin,%20Rusu%20Segiu%20,Cureteanu%20Radu%201.pdf. Licencia de Creative Commons: https://creativecommons.org/licenses/by/4.0/

Oficina de Política de Empleo para Discapacitados. "Programas de Asistencia al Empleado para una Nueva Generación de Empleados". Departamento de Trabajo de los Estados Unidos. *Office of Disability Employment Policy.* "Employee Assistance Programs for a New Generating of Employees." United States Department of Labor, January 2009. Recuperado el 22 de junio de 2022, de https://permanent.fdlp.gov/LPS113558/LPS113558/www.dol.gov/odep/documents/employeeassistance.pdf.

Office of Disability Employment Policy. "Programas de Asistencia al Empleado para una Nueva Generación de Empleados". Departamento de Trabajo de los Estados Unidos. "Employee Assistance Programs for a New Generating of Employees." *United States Department of Labor*, January 2009. Recuperado el 22 de junio de 2022, de https://permanent.fdlp.gov/LPS113558/LPS113558/www.dol.gov/odep/documents/employeeassistance.pdf.

Perello-Marin, M. Rosario y Gabriela Ribes-Giner. "Identificando una lista orientadora de prácticas de alta participación en la gestión de recursos humanos" ("Identifying a Guiding List of High Involvement Practices in Human Resource Management"), *WPOM-Working Papers on Operations Management* 5, no. 1 (2014): 31–47. Recuperado el 22 de junio de 2022, de https://polipapers.upv.es/index.php/WPOM/article/view/1495. Licencia de Creative Commons: https://creativecommons.org/licenses/by/4.0/.

Perko, Kaisa, Ulla Kinnunen, Asko Tolvanen y Taru Feldt. "De vuelta a lo básico: la importancia relativa del liderazgo transformacional y justo para el compromiso y el agotamiento del trabajo de los empleados" ("Back to Basics: The Relative Importance of Transformational and Fair Leadership for Employee Work Engagement and Exhaustion"), *Scandinavian Journal of Work and Organizational Psychology* 1, no. 1, 6 (2016): 1–15. Recuperado el 22 de junio de 2022, de http://doi.org/10.16993/sjwop.8. Licencia de Creative Commons: https://creativecommons.org/licenses/by/4.0/.

Qian, Jing, Bin Wang, Zhuo Han y Baihe Song. "Liderazgo ético, intercambio líder-miembro y búsqueda de retroalimentación: un modelo de mediación doblemente moderado de inteligencia emocional y estructura de unidad de trabajo" ("Ethical Leadership, Leader-Member Exchange and Feedback Seeking: a Double-Moderated Mediation Model of Emotional Intelligence and Work-Unit Structure"), *Frontiers in Psychology* 8, no. 1174 (2017): 1–11. Recuperado el 22 de junio de 2022, de https://doi.org/10.3389/fpsyg.2017.01174. Licencia de Creative Commons: https://creativecommons.org/licenses/by/4.0/.

Rus, Mihaela. "Tipo de liderazgo transformacional en organizaciones públicas y privadas" ("Transformational Leadership Type in Public and Private Organizations"), *EIRP Proceedings* 7, no. 1 (2012): 588–594. Recuperado el 22 de junio de 2022, de https://doaj.org/article/730a904aa20b4dcaad5e5f6bf8c3b769. Licencia de Creative Commons: https://creativecommons.org/licenses/by/4.0/.

Silva, Rita Maria, António Caetano, and Qin Zhou. "Contextos de injusticia y satisfacción laboral: el papel mediador de las percepciones de justicia" ("Injustice Contexts and Work Satisfaction: The Mediating Role of Justice Perceptions"), *International Journal of Business Science and Applied Management* 7, no. 1 (2012): 15–28. Recuperado el 22 de junio de 2022, de https://business-and-management.org/paper.php?id=79. Licencia de Creative Commons: https://creativecommons.org/licenses/by/3.0/.

Silverman, Scott H. Entrevista realizada por Sylvia Melena, 13 de noviembre de 2017 con Scott H. Silverman, Director General de *Confidential Recovery*, un programa ambulatorio en San Diego, California, que permite a los clientes continuar sus carreras o trabajos y disfrutar de vivir en casa mientras reciben terapia a largo plazo. Scott ha recibido numerosos honores y premios, es un aclamado orador, un experto en el desarrollo de la fuerza laboral y el autor de *Tell Me No, I Dare You: A Guide for Living a Heroic Life*. Para obtener más información sobre Scott y *Confidential Recovery*, visite https://www.confidentialrecovery.com/. Fecha de acceso: 22 de junio de 2022. Esta entrevista fue traducida del inglés.

Škudienė, Vida, Karolina Šlepikaitė, and James Reardon. "Efecto del reconocimiento y empoderamiento de los empleados de la primera línea en el valor percibido de los clientes de los bancos minoristas" ("Front-Line Employees' Recognition and Empowerment Effect on Retail Bank Customers' Perceived Value"), *Journal of Service Science* 6, no. 1 (2013): 105–116. Recuperado el 22 de junio de 2022, de https://doi.org/10.19030/jss.v6i1.8241. Licencia de Creative Commons: https://creativecommons.org/licenses/by/3.0/.

Stinglhamber, Florence, Géraldine Marique, Gaëtane Caesens, Donatienne Desmette, Isabelle Hansez, Dorothée Hanin, and Françoise Bertrand. "Identificación organizacional y compromiso organizacional afectivo de los empleados: un enfoque integrador." ("Employees' Organizational Identification and Affective Organizational Commitment: An Integrative Approach"), *PLoS ONE* 10, no. 4 (2015): 1–23. Recuperado el 22 de junio de 2022, de https://doi.org/10.1371/journal.pone.0123955. Licencia de Creative Commons: https://creativecommons.org/licenses/by/4.0/.

United States Department of Justice. "Introducción a la ADA" ("Introduction to the ADA"), ADA.gov, *United States Department of Justice Civil Rights Division.* Recuperado el 24 de mayo de 2022, de https://www.ada.gov/ada_intro.htm.

United States Department of Labor. "Preguntas frecuentes de FMLA - Español" ("FMLA Frequently Asked Questions - Spanish"), *United States Department of Labor, Wage and Hour Division.* Recuperado el 24 de mayo de 2022, de https://www.dol.gov/agencies/whd/fmla/faq-spanish.

Van Yperen, Nico W., Monica Blaga, y Tom Postmes. "Un meta-análisis de los objetivos de logro auto-informados y el rendimiento no auto-informado a través de tres dominios de logro (trabajo, deportes y educación)" ("A Meta-Analysis of Self-Reported Achievement Goals and Nonself-Report Performance across Three Achievement Domains (Work, Sports, and Education"), *PloS ONE* 9, no. 4 (2014): 1–16. Recuperado el 22 de junio de 2022, de https://doi.org/10.1371/journal.pone.0093594. Licencia de Creative Commons: https://creativecommons.org/licenses/by/4.0/.

Victor, Janine y Crystal C. Hoole. "La influencia de las recompensas organizacionales en la confianza en el lugar de trabajo y el compromiso laboral" ("The Influence of Organisational Rewards on Workplace Trust and Work Engagement"), *SA Journal of Human Resource Management* 1, no. 0, (2017): 1–14. Recuperado el 22 de junio de 2022, de https://sajhrm.co.za/index.php/sajhrm/article/view/853. Licencia de Creative Commons: https://creativecommons.org/licenses/by/4.0/.

Zia, Haleema Hafiz Muhammad Ishaq, Salma Zahir, y Faiz Ahmed. "Para investigar el impacto de la capacitación, el empoderamiento de los empleados y el clima organizacional en el desempeño laboral" ("To Investigate the Impact of Training,

Employee Empowerment and Organizational Climate on Job Performance"), *Research Journal of Applied Sciences, Engineering and Technology* 7, no. 22 (2014): 4832–4837. Recuperado el 22 de junio de 2022, de Licencia de http://www.maxwellsci.com/msproof.php?doi=rjaset.7.872. Creative Commons: https://creativecommons.org/licenses/by/3.0/.

www.ingramcontent.com/pod-product-compliance
Lightning Source LLC
Chambersburg PA
CBHW030433010526
44118CB00011B/614